Themen neu
Zertifikatsband

Lehrwerk für Deutsch als Fremdsprache

Arbeitsbuch

von
Heiko Bock und
Jutta Müller

Max Hueber Verlag

Quellenverzeichnis:

Seite 10:   *Foto oben:* © dpa; *Foto unten:* MHV-Archiv (EyeWire)

Seite 19–20: Texte nach Porträts von Martina Sabra, erschienen in *AID Ausländer in Deutschland* 2/2001, 17. Jg., 30.6.2001; *Foto Seite 19:* © Martina Sabra; *Foto Seite 20:* MHV-Archiv (Eyewire)

Seite 23:   *Text aus:* Spiegel spezial 12/1998 „Gedränge im Menschenzoo" Interview von Norbert F. Pötzl mit Professor Philip Tobias, University of the Witwatersrand, Johannesburg © Spiegel Verlag, Hamburg

Seite 25:   *Zeichnung:* Joachim Schuster

Seite 26:   *Foto:* mit freundlicher Genehmigung von Jean Luc Kaiser, Brest

Seite 36:   *Zeichnung:* Joachim Schuster

Seite 68:   *Foto:* MHV-Archiv (Dieter Reichler)

Seite 69:   *Foto oben:* MHV-Archiv (Jens Funke); *Foto unten:* MHV-Archiv (PhotoDisc)

Seite 75:   *Foto oben:* © Oberammergau Tourismus; *Foto unten:* MHV-Archiv (Gerd Pfeiffer)

Seite 180:   *Fotos:* MHV-Archiv (MEV)

Wir haben uns bemüht, alle Inhaber von Bild- und Textrechten ausfindig zu machen. Sollten Rechteinhaber hier nicht aufgeführt sein, so wäre der Verlag für entsprechende Hinweise dankbar.

 Dieses Werk folgt der seit dem 1. August 1998 gültigen Rechtschreibreform. Ausnahmen bilden Texte, bei denen künstlerische, philologische oder lizenzrechtliche Gründe einer Änderung entgegenstehen.

Das Werk und seine Teile sind urheberrechtlich geschützt.
Jede Verwertung in anderen als den gesetzlich zugelassenen
Fällen bedarf deshalb der vorherigen schriftlichen
Einwilligung des Verlages.

€   3.   2.   1.   Die letzten Ziffern
2006   05   04   03   02   bezeichnen Zahl und Jahr des Druckes.
Alle Drucke dieser Auflage können, da unverändert,
nebeneinander benutzt werden.
1. Auflage
© 2002 Max Hueber Verlag, D-85737 Ismaning
Redaktion: Andreas Tomaszewski
Zeichnungen: martin guhl www.cartoonexpress.ch
Druck und Bindung: Ludwig Auer GmbH, Donauwörth
Printed in Germany
ISBN 3-19-311523-1

Inhalt

Vorwort

In diesem Arbeitsbuch zu „Themen neu 3" werden die wichtigen Redemittel jeder Lektion einzeln herausgehoben und ihre Bildung und ihr Gebrauch geübt. Alle Übungen sind einzelnen Lernschritten im Kursbuch zugeordnet.

Jeder Lektion ist eine Übersicht über den Kernwortschatz, die Redemittel und die wichtigsten Grammatikstrukturen vorangestellt, die in der betreffenden Lektion gelernt oder wiederholt werden. In die Wortschatzliste sind auch Wörter aufgenommen, die schon in „Themen neu 2" (THN 2) eingeführt wurden und in diesem Band wiederholt werden. Bei den Redemitteln handelt es sich um eine Auswahl der wichtigsten Ausdrücke für die mündliche Prüfung und für die so genannten Szenarien. Die Übersichten sind einerseits eine Orientierungshilfe für die Kursleiterin oder den Kursleiter, andererseits eine Möglichkeit der Selbstkontrolle für die Lernenden: Nach Durchnahme der Lektion sollte ihnen kein Eintrag in der Wortliste und der Zusammenstellung der Grammatikstrukturen mehr unbekannt sein. Die Autoren empfehlen nicht, diese Liste als solche auswendig zu lernen – das Durcharbeiten der Übungen, auch mehrfach, setzt einen effizienteren Lernprozess in Gang.

Zu den meisten Übungen gibt es im Schlüssel eine Lösung. Dies ermöglicht es den Lernenden, selbstständig zu arbeiten und sich selbst zu korrigieren. Zusammen mit dem Kursbuch und evtl. einem ein- oder zweisprachigen Wörterbuch kann dieses Arbeitsbuch dazu dienen, versäumte Stunden selbstständig nachzuholen.

Die Übungen dieses Arbeitsbuchs können im Kurs vor allem nach Erklärungsphasen in Stillarbeit eingesetzt werden. Je nach den Lernbedingungen der Kursteilnehmer können die Übungen aber auch weitgehend in häuslicher Einzelarbeit gemacht werden. (Über die Möglichkeit, die Lösungen aus dem Schlüssel abzuschreiben, sollte man sich nicht allzu viele Gedanken machen. Oft ist der Lernerfolg dabei fast ebenso groß. Manche Lernende lassen sich von dem Argument überzeugen, dass das Abschreiben meistens wesentlich mühsamer ist als ein selbstständiges Lösen der Aufgabe.)

Nicht alle Übungen lassen sich im Arbeitsbuch selbst lösen; für manche Übungen wird also eigenes Schreibpapier benötigt.

Verfasser und Verlag

Kernwortschatz

Verben

ärgern 13	bewegen *THN 2*, 34	küssen 8	verlieben *THN 2*, 42
auffallen *THN 2*, 93	fordern *THN 2*, 101	passen 12	verstehen *THN 2*, 82
aufhören 10	fürchten 10	singen *THN 2*, 36	
aufregen 13	gehören 7	stellen 13	vertrauen 13
ausruhen *THN 2*, 43	glauben 13	töten *THN 2*, 64	vorstellen 7
	grüßen 8	träumen 12	warnen *THN 2*, 55
bedeuten 12	hängen *THN 2*, 62	umarmen 8	weinen *THN 2*, 43
begrüßen *THN 2*, 101	hoffen *THN 2*, 63	unterhalten *THN 2*, 61	wünschen *THN 2*, 51
	interessieren 15		
bemühen 13	kämpfen *THN 2*, 29	verlangen *THN 2*, 123	zuwinken 8
beschweren 10	kümmern 10		zweifeln 13

Nomen

r Automechaniker, - *THN 2*, 30	e Kultur, -en *THN 2*, 36	e Regierung, -en *THN 2*, 97
	e Kunst, ¨e *THN 2*, 39	e Reparatur, -en *THN 2*, 47
e Ausbildung, -en *THN 2*, 21	r Lehrer, - 8	r Sommer, - 121
s Ereignis, -se *THN 2*, 99	s Lied, -er *THN 2*, 40	r Taxifahrer, - *THN 2*, 24
r Fahrer, - *THN 2*, 50	r Lohn, ¨e *THN 2*, 57	e Umarmung, -en 8
e Gefahr, -en *THN 2*, 38	e Menge, -n *THN 2*, 81	r Unfall, ¨e *THN 2*, 47
s Gepäck *THN 2*, 86	s Mitglied, -er *THN 2*, 102	r Verein, -e *THN 2*, 98
e Geschwister (Plural) 11	r Onkel, - *THN 2*, 71	r Vertrag, ¨e *THN 2*, 104
s Gesicht, -er *THN 2*, 10	e Ordnung, -en *THN 2*, 44	r/e Verwandte, -n 14
e Großeltern (Plural) *THN 2*, 67	r Plan, ¨e *THN 2*, 93	e Verzeihung *THN 2*, 51
r Handwerker, - *THN 2*, 114	s Recht, -e *THN 2*, 44	s Wetter *THN 2*, 36
	e Regel, -n *THN 2*, 91	

Adjektive

bestimmt 9
kritisch *THN 2*, 70
notwendig *THN 2*, 34
traurig *THN 2*, 7, 41
verletzt *THN 2*, 98
weit *THN 2*, 122
westlich *THN 2*, 105

Adverbien

einmal 12

Funktionswörter

darauf 13
sich 8
worauf 13

Lektion 1

Redemittel

Mündliche Prüfung Teil 1: Kontaktaufnahme

Mein Name ist   10
Ich bin   10
Ich bin ... von Beruf   15
Ich arbeite als ...   15
Ich habe eine Stelle bei ...   15

Ich habe gute ...kenntnisse   15
Ich interessiere mich für ...   15
Ich besuche die ...schule in ...   15
Ich bin sehr sportlich/ruhig/fröhlich ...   15

Szenario: „sich beschweren"

Ich fürchte, du/Sie ...   10
Darf ich dich/Sie bitten, ... zu ...   10
Ich muss dich/Sie leider darauf aufmerk-
    sam machen, dass ...   10
Du kannst / Sie können doch nicht einfach
    ...   10
Was fällt dir/Ihnen ein, heute ...   10
Hör / Hören Sie bitte sofort mit ... auf.   10

Entschuldige / Entschuldigen Sie, dass
    ich ...   10
Es tut mir sehr Leid, dass ...   10
Ich höre sofort auf.   10
Aber ich muss leider noch ...   10
Es dauert aber nur noch ...   10
Das geht dich/Sie überhaupt nichts an.   10
Kümmere dich / Kümmern Sie sich
    um deine/Ihre Sachen.   10

Kerngrammatik

Reflexivpronomen / reziproker Gebrauch (§ 10 a)

Fragen Sie <u>sich</u> gegenseitig.
In vielen westlichen Ländern schüttelt man
    <u>sich</u> zur Begrüßung die Hand.

Sie haben <u>sich</u> nur kurz zugewinkt.

Reziprokpronomen (§ 11)

Stellen Sie <u>einander</u> kurz vor.

Fragen Sie <u>einander</u>.

Präpositionalergänzungen (§ 17, § 18)

Ich <u>lege Wert auf</u> Gesundheit.
Können Sie <u>auf</u> Luxus <u>verzichten</u>?
Der Sinn des Lebens <u>besteht in</u> persön-
    licher Zufriedenheit.

Glück <u>bedeutet für</u> mich, meine Freunde
    um mich zu haben.
Er <u>träumt von</u> einem zweiten Kind.

„da(r)" / „wo(r)" + Präposition (§ 15)

<u>Worauf</u> kannst du verzichten?
Auf Luxus. / <u>Darauf</u>, dass du mir solche
    Fragen stellst.

<u>Worum</u> bemühen Sie sich?
Um einen guten Studienabschluss. /

<u>Darum</u>, dass ich einen guten Abschluss
mache.

<u>Wovon</u> träumen Sie?
Von einem großen Auto. / <u>Davon</u>, dass es
    allen Menschen gut geht.

1. Sprechhilfen: grüßen, sich vorstellen, Kontakte aufnehmen

Nach Übung

2

im Kursbuch

a) Lernen Sie die Redemittel, die Sie noch nicht kennen oder vergessen haben.

Guten Tag!	(Herr .../Frau ...)
Guten Morgen!	Gerd/Susanne)
Guten Abend!	

Tag!
Morgen!
'n Abend!
Hallo!
Familie?
Grüß Gott!
Servus!
Herzlich willkommen!
Ich begrüße Sie herzlich!

Ich heiße	Andreas.
Mein Name ist	Maria Dorn.
	Dorn.

Ich bin	Andreas.
	Maria Dorn.
	Frau Dorn.

Ich bin der Freund von ...

Das (hier) ist	Herr / Frau ... .
	(die) Maria.
	meine Frau.
	mein Freund.

Kennen Sie	Maria (schon)?
Kennst du	

Wie geht es	Ihnen / dir / euch?
Wie geht's	Ihrem Mann / deiner Frau?
	(dem) Gerd / (der) Susi?
	zu Hause / deiner Familie?

Wie geht's?
Was macht dein Mann / Susanne / die Familie?

(Danke), es geht.
Nicht gut.
Nicht so gut.
Gar nicht gut.
Schlecht.
Na ja, es geht.
So, so.
Es geht so.

Darf ich vorstellen? Das ist ... .

Ich möchte	Sie	mit meinem Mann bekannt machen.
Darf ich	dich	mit Herrn Sommer bekannt machen?

Ich möchte	Ihnen	meinen Mann	vorstellen.
Darf ich	Dir	Herrn Sommer	vorstellen?
		meinen Freund	

Angenehm!
Freut mich.
(Es) freut mich, Sie/dich kennen zu lernen.
Schön, dass ich Sie/dich kennen lerne.

b) Ergänzen Sie passende Redemittel (Schauen Sie nicht in a nach!).

sich selbst vorstellen	eine Person begrüßen	eine andere Person vorstellen	nach dem Befinden fragen

Lektion 1

2. Reflexive und reziproke Verben

a) Vergleichen Sie.

A (reflexiv)
Lutz sieht sich an.

B (reziprok)
Lutz und Doris sehen sich
an.

C (transitiv)
Lutz sieht Doris an.

b) Bilden Sie Sätze mit diesen Verben.

anziehen	~~streiten~~	küssen	freuen	verlieben	aufregen	zuwinken
ausruhen	einigen	vorstellen	umarmen	ärgern	setzen	treffen
langweilen	lieben	beschweren	anmelden	entschuldigen	umziehen
beeilen			begrüßen		~~beeilen~~

A	B	C
—	Lutz und Doris streiten sich.	—
Lutz beeilt sich.	—	—
—	Lutz und Doris umarmen sich.	Lutz umarmt Doris.

3. Wie haben die Leute gegrüßt?

a) ○ Wie haben die Leute gegrüßt?
   □ _____ haben _____ verbeugt.
b) ○ Wie hast du gegrüßt?
   □ _____ habe _____ verbeugt.
c) ○ Wie hat Frau Lorenz gegrüßt?
   □ _____ hat _____ verbeugt.
d) ○ Wie hat Herr Berger gegrüßt?
   □ _____ hat _____ verbeugt.
e) ○ Wie haben Sie gegrüßt?
   □ _____ habe _____ verbeugt.
f) ○ Wie habt ihr gegrüßt?
   □ _____ haben _____ verbeugt.
g) ○ Habt _____ _____ verbeugt?
   □ Nein, wir haben uns die Hand gegeben.
h) ○ Hat man _____ verbeugt?
   □ Nein, man hat _____ die Hand gegeben.

8 acht

i) Ergänzen Sie.

ich	du	Sie	er/sie/es/man	wir	ihr	sie
verbeuge mich	verbeugst	verbeugen	verbeugt	verbeugen	verbeugt	verbeugen

4. Wünsche, Wünsche. Ergänzen Sie.

Nach Übung

3

im Kursbuch

a) Ich wünsche _____ Gesundheit.

b) Herr Konrad wünscht _____ einen neuen Job.

c) Frau Conradi wünscht _____ mehr Ruhe.

d) Norbert und Bettina wünschen _____ ein Kind.

e) ○ Was wünschst du _____?

  □ Mehr Glück.

f) ○ Was wünscht ihr _____?

  □ Mehr Zeit für unsere Kinder.

g) ○ Was wünschen Sie _____?

  □ Mehr Glück und Erfolg.

h) Ergänzen Sie.

ich	du	Sie	er/sie/es/man	wir	ihr	sie
wünsche mir	wünschst	wünschen	wünscht	wünschen	wünscht	wünschen

5. Possessivartikel. Ergänzen und vergleichen Sie.

Nach Übung

4

im Kursbuch

a) Sie grüßt _ihren/ihre_ Chef/Chefin mit einer Verbeugung.

  Er grüßt _____

  Wir grüßen _____

  Man grüßt _____

b) Sie legt _____ Hände vor _____ Brust zusammen.

  Er legt _____ _____

  Wir legen _____ _____

  Man legt _____ _____

c) Sie bewegt _____ Hand von _____ Herzen an die Stirn.

  Er bewegt _____ _____

  Wir bewegen _____ _____

  Man bewegt _____ _____

d) Ergänzen Sie.

ich	du	Sie	er/sie/es/man	wir	ihr	sie
mein						

Lektion 1

Nach Übung

5

im Kursbuch

6. Beschreiben Sie die Begrüßung.

a) Begrüßung bei den Ureinwohnern in Neuseeland

– sehr nah gegenüberstehen
– sich in die Augen schauen
– den Kopf leicht nach vorne beugen
– sich mit den Nasenspitzen und der Stirn berühren

Man steht sich sehr nah
gegenüber und ...
_____
_____
_____
_____
_____

b) Normale Begrüßung in Japan

– nicht zu nahe gegenüberstellen
– mit geradem Oberkörper
– Arme herabhängen lassen
– mit 45 Grad sich verbeugen

Man stellt _____
_____
_____
_____
_____
_____
_____

Nach Übung

5

im Kursbuch

7. „Alle", „jeder", „man". Ergänzen und vergleichen Sie.

Mit *alle* (Plural) und *jeder* (Singular) werden alle Personen, Dinge, Tiere einer bestimmten Menge bezeichnet, mit *man* die Personen einer unbestimmten Gruppe.

a) Mein Chef schüttelt   allen (Angestellten)   morgens die Hand.
jedem (Angestellten)
einem

b) Meine Kollegin grüßt   _____   mit einer Umarmung.
_____
_____

c) In unserer Firma grüßen   _____   mit Handschlag.
grüßt   _____
grüßt   _____

d) Ergänzen Sie.

Nominativ	alle	jeder	man
Dativ			
Akkusativ			

8. Was können Sie auch sagen?

Nach Übung

10

im Kursbuch

meinetwegen	das ist meine Sache	stimmt
das geht Sie nichts an	schrecklich	untersagt
grässlich	(es) tut mir (wirklich) (sehr) Leid	könnte
Verzeihung	das reicht (jetzt)	von mir aus
das geht zu weit	es ist nicht in Ordnung	könnten Sie bitte
nicht gestattet	es ist (einfach) unmöglich	alles richtig
dürfte	wünsche	fordere

a) Entschuldigen Sie, _____ dass ich so viel Krach mache, aber ...

_____

_____

b) Es geht (einfach) nicht, _____ am Sonntag so viel Krach zu machen.
dass Sie am Sonntag so viel Krach machen.

_____

c) Das ist genug! _____ Lassen Sie das!
Lassen Sie das sein/bleiben!

_____ Hören Sie damit auf!

d) Würden Sie bitte _____ mit dem Krach aufhören?

_____ aufhören, Krach zu machen?

e) Dieser Krach ist furchtbar. _____

_____

_____

f) Ich verlange, _____ dass Sie sofort mit dem Krach aufhören.

_____

_____

g) Es ist nicht erlaubt, _____ sonntags so viel Krach zu machen.

_____

_____

h) Ja, ja, schon gut. _____ Ich höre auf.

_____

_____

i) Sie haben Recht. _____ Aber darf _____ ich bitte noch eine Stunde weiter arbeiten?

_____   _____

_____   _____

j) Das interessiert mich nicht! Ich mache, was ich will.

_____

_____

Lektion 1

9. Was können Sie für A–F auch sagen (höflich und unhöflich)?

A ☐ Entschuldigen Sie bitte, dass ich Sie störe.
B ○ Ja, bitte?
C ☐ Könnten/können/würden Sie bitte mit dem Krach aufhören.
D ○ Warum?
   ☐ Es ist nicht erlaubt, sonntags Krach zu machen.
E ○ (Oh) Entschuldigung/Verzeihung. Das wollte ich nicht.
F ☐ Bitte (bitte)!

1 [C] Ich möchte Sie bitten, mit dem Krach aufzuhören.

2 ☐ Ich möchte meine Ruhe haben. Hören Sie mit dem Krach auf!

3 ☐ Ich bitte Sie, mit dem Krach aufzuhören.

4 ☐ Hören Sie endlich mit dem Krach auf.

5 ☐ Hallo.

6 ☐ Hallo, Sie (da).

7 [D] Es ist nicht erlaubt, sonntags Krach zu machen.

8 [A] Entschuldigen Sie (bitte), dass ich Sie störe.

9 ☐ Dürfte/darf ich Sie bitten, mit dem Krach aufzuhören?

10 ☐ Bitte?

11 ☐ Würden/könnten/können Sie (bitte) so freundlich sein, mit dem Krach aufzuhören?

12 ☐ Was ist?

13 ☐ Hören Sie bitte (sofort) mit dem Krach auf!

14 ☐ Ich fordere Sie auf, mit dem Krach aufzuhören.

15 ☐ Entschuldigung, dass ich Sie störe.

16 ☐ Verzeihung, dass ich Sie störe.

17 ☐ Sie sollen (sofort) mit dem Krach aufhören.

18 ☐ Das ist mir egal. Ich mache, was ich will.

19 ☐ Wäre es (bitte) möglich, mit dem Krach aufzuhören?

20 ☐ Ich verlange, dass Sie sofort mit dem Krach aufhören.

21 ☐ Ist in Ordnung.

22 ☐ Sie wohnen hier nicht alleine.

23 ☐ Könnten Sie mir (bitte) den Gefallen tun, mit dem Krach aufzuhören.

24 ☐ Sie da!

25 ☐ Ist schon gut.

26 ☐ Dieser Krach reicht mir jetzt. Hören Sie sofort auf!

27 ☐ Sie dürfen sonntags keinen Krach machen.

28 ☐ Sie (da), hören Sie.

29 ☐ (Oh) (es) tut mir Leid. Ich habe das nicht absichtlich getan.

30 [B] Ja, (bitte)?

31 ☐ Jetzt reicht es. Seien Sie endlich ruhig!

32 ☐ He, Sie da!

33 ☐ Was gibt's?

34 ☐ Ja, ja, ist schon gut. Ich höre gleich auf.

35 ☐ Wären Sie (bitte) so nett, mit dem Krach aufzuhören?

36 ☐ Verzeihen Sie (bitte), dass ich Sie anspreche.

37 ☐ Tun Sie mir einen Gefallen und hören Sie mit dem Krach auf.

38 ☐F☐ Bitte (bitte)!

39 ☐ Verdammt noch mal! Hören Sie endlich mit dem Krach auf.

40 ☐E☐ (Oh) Entschuldigung / Verzeihung. Das wollte ich nicht.

41 ☐ Was wollen Sie?

42 ☐ Ich muss Sie bitten, mit dem Krach aufzuhören.

43 ☐ (Oh) entschuldigen Sie (bitte). Ich wollte Sie nicht stören.

44 ☐ Sie stören mich und die anderen Leute im Haus.

45 ☐C☐ Könnten/können/würden Sie bitte mit dem Krach aufhören?

46 ☐ Seien/wären Sie (bitte) so freundlich, mit dem Krach aufzuhören.

47 ☐ Sie (da), hallo.

48 ☐ Regen Sie sich nicht auf. Ich bin gleich fertig.

49 ☐ Lassen Sie mich in Ruhe. Das ist meine Sache.

50 ☐ (Das) macht nichts.

10. Welche der Sätze 1 bis 50 aus Übung 9 sind höflich, welche weniger höflich? Notieren Sie die Satznummern.

Nach Übung

10

im Kursbuch

a) höflich: 1, ...

b) weniger höflich: 2, ...

11. Die Geschichte von Vornamen. Schreiben Sie.

Nach Übung

14

im Kursbuch

a) Maximilian
– Männername
– lateinisch (*maximus* = *der Größte*)
– bekannt durch den heiligen Maximilian, Bischof in Slowenien, von den Römern getötet
– auch Kaiser, Könige und Fürsten aus Bayern trugen den Namen, in Österreich und Bayern sehr beliebt
– Kurzform Max oder Maxl

Maximilian ist ein Männername. Er kommt aus dem Lateinischen und geht zurück auf das Wort maximus. Es bedeutet der Größte. Der Name wurde bekannt durch den heiligen Maximilian, der im 3. Jahrhundert ein Bischof in Slowenien war und von den Römern getötet wurde. Weil auch bayerische und österreichische Kaiser, Könige und Fürsten den Namen Maximilian trugen, wurde er vor allem in Bayern und Österreich sehr beliebt. Eine Kurzform ist Max oder Maxl.

Lektion 1

b) Maria
- Frauenname
- hebräisch (*mirjam = rebellisch*)
- Name der Mutter Christi
- bis ins 15. Jahrhundert nicht verwendet, Respekt vor der heiligen Person
- früher und heute sehr beliebt
- in der ganzen Welt, verschiedene Formen

c) Sophie
- Frauenname
- andere Form von Sophia
- griechisch (*sophia = Weisheit*)
- hagia sophia (= *heilige Weisheit*) im Altertum ein anderer Name für Christus und für die ganze Kirche
- Name der berühmten Kirche Hagia Sophia in Konstantinopel (heute Istanbul), gebaut im 6. Jahrhundert, heute eine Moschee
- im 19. Jahrhundert sehr häufig, danach weniger, heute wieder sehr beliebt

Nach Übung

15

im Kursbuch

12. Ergänzen Sie die richtige Präposition und den richtigen Artikel (wenn nötig).

| über | mit | ~~an~~ | zu | mit | für | über | mit | mit | nach | als | mit | von | mit |

„Kennen Sie diesen Mann?"

Ich kann mich an den ₍a₎ Mann erinnern. Er gehörte _____₍b₎ Stammgästen im Brauhaus. Dort traf er sich häufig _____₍c₎ Freund, um _____₍d₎ ihm Schach zu spielen. Manchmal hat er sich _____₍e₎ Gästen unterhalten. Er hat sich _____₍f₎ Politik interessiert und häufig _____₍g₎ Regierung geschimpft. Manchmal hat er sich sogar _____₍h₎ Gästen gestritten. Einmal hat er _____₍i₎ mir gesprochen und mich _____₍j₎ Italiener mit dem Namen Alberto gefragt, der im Café _____₍k₎ Kellner gearbeitet hatte. Ich konnte ihm die Frage nicht beantworten. Mir ist aufgefallen, dass er auf dem Handy sehr viel _____₍l₎ Frau telefoniert hat. Sie haben immer _____₍m₎ Autos gesprochen. Mehr weiß ich _____₍n₎ Mann nicht.

13. Verben und Präpositionen

A) Ergänzen Sie die Präpositionen.

a) denken _____ den Vater
   sich erinnern   sein Gesicht
                      ihren Geburtstag
                      die Regel

b) antworten _____ die Frage
                      den Brief
                      dein Argument
                      Ihre E-Mail

c) suchen _____ einer Lösung
                      meiner Brille
                      der Zeitung
                      meinem Handy

d) hoffen _____ Glück
                      gutes Wetter
                      deine Hilfe
                      einen Sieg

e) bestehen _____ Metall
                      Holz
                      80 Einzelteilen

f) kämpfen _____ den Frieden
   streiken   Gerechtigkeit
                      mehr Lohn
                      besseres Leben

g) aufpassen _____ die Kinder
                      den Verkehr
                      dein Gepäck
                      deine Gesundheit

h) aufhören _____ dem Krach
                      der Arbeit
                      dem Sport
                      dem Hobby

i) sprechen _____ das Problem
   sich unterhalten   deinen Plan
                      Petra
                      den Film

j) sich freuen _____ das Geschenk
                      den Urlaub
                      die neue Wohnung
                      dein Fax

k) sich streiten _____ den richtigen Weg
   diskutieren   den Termin
                      den Namen
                      den Vertrag

l) sich streiten _____ meinem Freund
   sprechen   den Kollegen
   sich unterhalten   der Nachbarin
   diskutieren   Georg

m) warten _____ den Bus
                      den Handwerker
                      die Post
                      meine Schwester

n) fragen _____ dem Weg
                      seiner Adresse
                      ihrem Alter
                      dem Preis

o) sich fürchten _____ der Krankheit
   Angst haben   den Gefahren
   warnen   dem Sturm
                      Taschendieben

p) sich verlassen _____ sein Wort
                      dein Versprechen
                      Ihre Hilfe
                      den Kollegen

B) Mit welchem Kasus stehen die Präpositionen in A?

	an +	auf +	aus +	mit +	nach +	über +	vor +	für +
Akkusativ	☐	☐	☐	☐	☐	☐	☐	☐
Dativ	☐	☐	☐	☐	☐	☐	☐	☐

Lektion 1

14. Was passt? „Da(r)" + Präposition (für Sachen, Ereignisse) oder Präposition + Pronomen (für Menschen, Tiere)?

a) Er liebt Luxus. _Darauf_____ legt er sehr viel Wert.

b) Er liebt Vera sehr. _Auf sie_____ wartet er gerne.

c) Ulrike ist 16 Jahre alt geworden. Ihre Eltern haben ihr ein Motorrad gekauft. _____ hatte sie schon immer geträumt.

d) Ulrike ist sehr attraktiv. _____ träumen fast alle Jungen in unserer Klasse.

e) Wir müssen noch ein Geburtstagsgeschenk für Timo kaufen. Kümmerst du dich _____, bitte?

f) Die Fahrerin wurde bei dem Unfall verletzt. Nach zehn Minuten kam ein Arzt und kümmerte sich _____.

g) Ich habe dir sehr gerne geholfen. _____ musst du dich nicht bedanken.

h) Anja habe ich seit vielen Jahren nicht gesehen, aber ich kann mich gut _____ erinnern.

i) Anja war eine gute Schülerin in unserer Klasse, ich nicht. Sie hat mir oft geholfen. _____ kann ich mich deshalb sehr gut erinnern.

j) Jan hat einen großen, aber sehr lieben Hund. _____ muss man sich nicht fürchten.

k) Man hat uns verboten, unsere Tochter Pepsi zu nennen. _____ haben wir uns sehr geärgert.

l) Sarah ist nicht sehr beliebt. Aber zu mir ist sie immer sehr nett. _____ habe ich mich noch nie geärgert.

m) Mein Wohnungsnachbar ist nachts oft sehr laut. Ich habe mich _____ bei der Hausverwaltung beschwert.

n) Tim ist meistens unpünktlich. Wenn ich mich _____ verabredet habe, kommt er meistens zu spät.

15. Sagen Sie es anders.

Achtung! „Da(r)" + Präposition ist in den Sätzen unten immer möglich, aber nur bei einigen Verben notwendig.

a) Anna glaubt _an_____ ihren beruflichen Erfolg.
   (dass, haben) _Anna glaubt (daran), dass sie beruflichen Erfolg haben wird._
   (zu, haben)   _Anna glaubt (daran), beruflichen Erfolg zu haben._

b) Wir hoffen am Wochenende _____ besseres Wetter.
   (dass, haben) _____
   (zu, haben)   _____

c) Die Studenten protestieren _____ die Änderung der Prüfungsordnung.
   (dass, ändern) _____

d) Julia und Daniel streiten sich _____ den richtigen Weg.
   (was, sein)   _____

e) Wir beginnen morgen _____ der Reparatur des Autos.
   (zu, reparieren) _____

f) Ich habe ihn _____ den Termin erinnert.
   (zu, denken) _____

g) Lukas hat mich _____ der Uhrzeit gefragt.
   (wie spät, sein) _____

h) Daniel hat _____ seine Erlebnisse in Moskau erzählt.
   (was, erleben) _____

i) Sophie hat sich _____ den Anruf von Niklas gefreut.
   (dass, anrufen) _____

j) Laura hat _____ dem Rauchen aufgehört.
   (zu, rauchen) _____

k) Ich verlasse mich _____ eure Hilfe.
   (dass, helfen) _____

16. Was ist typisch für Sie? Antworten Sie spontan, ohne lange zu überlegen. Verwenden Sie die richtigen Präpositionen.

Nach Übung

18

im Kursbuch

a) glaube   _an_   _das Gute im Menschen_
b) hoffe   _____   _____
c) interessiere mich   _____   _____
d) kämpfe   _____   _____
e) freue mich   _____   _____
f) weine   _____   _____
g) ärgere mich   _____   _____
h) träume   _____   _____
i) rege mich auf   _____   _____
j) ekle mich   _____   _____
k) fürchte mich   _____   _____
l) suche   _____   _____
m) habe immer Lust   _____   _____
n) lege großen Wert   _____   _____
o) vertraue   _____   _____
p) bemühe mich sehr   _____   _____
q) zweifle   _____   _____
r) beschäftige mich gerne   _____   _____
s) erinnere mich gerne   _____   _____
t) gebe gerne Geld aus.   _____   _____
u) höre nächste Woche auf.   _____   _____

Lektion 1

17. Wortschatz für Übung 22 im Kursbuch S. 15. Ergänzen Sie passende Wörter.

A) Person

sein	nennen	haben	kommen	wohnen	leben

a) Ich _____ Andreas, Claudia.
b) _____ in Ludwigsburg, in Luzern.
c) _____ Lehrer, Kaufmann (von Beruf).
d) _____ 26, 19 (Jahre alt).
e) _____ aus der Türkei, aus Kanada.
f) _____ Irakerin, Algerier.
g) _____ drei Geschwister.
h) _____ aus Indonesien, China.
i) _____ in der Schweiz, in Finnland.
j) _____ verheiratet, nicht verheiratet, ledig, geschieden.
k) _____ Katholik, Protestant, Christ, Muslim, Buddhist, Jude.
l) Meine Freunde _____ mich Miki.

B) Familie

Opa	Bruder	Tante	Oma	Mutter	Sohn	Schwiegermutter	Vater	Geschwister
Kinder	Schwiegervater	Schwester	Großeltern	Tochter	Verwandten	Onkel		

a) weiblich: meine Frau,_____
b) männlich: mein Mann,_____
c) Plural: meine Eltern,_____

C) Beruf

Post	Transportbranche	Universität	keine Arbeit	Büro	Computergeschäft	Stelle
ohne Arbeit	Firma Deister	Handwerksbetrieb	Elektronikindustrie	keinen Job	Arbeit	
arbeitslos	Unilever Job	Stadtverwaltung	Siemens	Medienbranche	nicht berufstätig	
Sprachschule	keine Stelle	Theater	Papierfabrik	Metallfabrik	Elektrofirma	ohne Job

a) Ich arbeite in   einer Metallfabrik,_____
b) Ich habe einen Job bei   einer Metallfabrik,_____
c) Ich habe eine Stelle an   einer Universität,_____
d) Ich bin   arbeitslos,_____
e) Ich habe   keinen Job,_____
f) Ich suche   einen _____ /eine _____ /einen _____ als Ingenieur.

D) Interessen

malen Oper tanzen Musik Malerei Autos Fußball spielen Politik fotografieren reisen kochen Tanz Fußball Computerspiele Radsport Rad fahren schwimmen Musik hören							

a) Ich *tanze,* _____ gern.
b) Ich *fahre,* _____ gern *Rad,* _____
c) Mein Hobby ist *Tanzen,* _____
d) Ich interessiere mich für *Radsport,* _____

E) Ausbildung, Schule

Medizin Koch Bäcker Kellner Englisch Pilot Automechaniker fotografieren Maschinenbau Kochen Architektur Kunst Augenoptiker Deutsch Elektrotechnik Reiseführer Lehrer Schwimmen Programmieren Taxifahrer Geschichte Schauspieler Servicetechniker Betriebswirtschaft Fotograf		

a) Ich studiere *Medizin, Englisch* _____
b) Ich mache eine Ausbildung als *Augenoptiker,* _____
c) Ich möchte *Augenoptiker,* _____ werden.
d) Ich lerne *Englisch, Kochen* _____

18. Schreiben Sie zwei Texte über Personen.

Nach Übung

23

im Kursbuch

Die folgenden beiden Texte sind von einer Homepage über Muslime in Deutschland.
Schreiben Sie die Texte neu.

a) Inaam Wali

aa)
– *Inaam, Irak, Sängerin*
– *Erfolg haben*
– *Musik populär*
– *für die Regierung interessant*
– *Iraker lieben Musik*
– *Propaganda machen*
– *nicht wollen*

Inaam war im Irak Sängerin. Sie hatte dort
Erfolg. Ihre Musik war populär. Natürlich war
das für die Regierung interessant. Iraker
lieben Musik. Sie sollte für sie Propaganda
machen. Das wollte sie nicht.

ab)
– *1962, Südirak geboren*
– *nach Schule, Bagdad, auf Musikschule gehen*
– *Musik Zentrum ihres Lebens*

Sie wurde 1966 im ...

ac)
– *Irak, nur wenige Sänge-rinnen*
– *Eltern auch Künstler*
– *haben Inaam verstanden, ihr geholfen*

Im Irak gab es ...

Die irakische
Sängerin
Inaam Wali

Lektion 1

ad)

- *in Musikschule, Mitglied einer kleinen Gruppe von Sängerinnen und Sängern*
- *gegen das Regime*
- *schreiben, singen, heimlich, kritische Lieder*
- *immer Angst, verraten*
- *an einem Tag. Mitglied der Gruppe, verhaftet.*
- *deshalb, nach Deutschland fliehen*

Sie ging ...

ae)

- *die ersten Monate in Deutschland, sich nicht gerne erinnern*
- *im Flüchtlingsheim wohnen*
- *Zustände katastrophal*
- *Enge, Schmutz, viele Männer, Angst haben*
- *Glück haben, zwar nicht als Flüchtling anerkannt, aber trotzdem bleiben dürfen*

Sie erinnert sich ...

b) Raschid Benhamza

ba)

- *in Algerien geboren, kleines Dorf*
- *sieben Geschwister*
- *Vater früh gestorben, Raschid drei Jahre*
- *Heimatdorf mit 13 Jahren verlassen, nach Algier ziehen*
- *zur Schule gehen, Abitur machen*

bb)

- *nach Abitur nach Paris, Informatikstudium selbst finanzieren*
- *kurz nach Diplomprüfung, seine Frau kennen lernen, eine Deutsche*
- *heute verheiratet, in Köln leben, zwei Kinder*

af)

- *Hamburg Phonetik und Musikwissenschaft studieren*
- *Lebensunterhalt, Wochenende, in einem Schnellrestaurant verdienen*
- *Hamburg gerne leben*
- *mit anderen Musikern Konzerte organisieren, gut besucht*
- *wenige Wochen, ihre erste CD erschienen, arabische Musik, für westliche Ohren zu traurig und zu fremd klingen*
- *in Liedern deshalb westliche Jazz- und Pop-Elemente verwenden*
- *Leute mögen das*

Heute studiert ...

Raschid Benhamza
aus Algerien

bc)

- *heute Spezialist für Bürokommunikation und Computer*
- *zwanzig Jahre in Deutschland leben*
- *immer noch sehr engen Kontakt mit Algerien*
- *in einem deutsch-algerischen Verein, sich für kulturelle und soziale Projekte in seinem Heimatland engagieren*

bd)

- *als Kind drei Sprachen: Berberisch Französisch und Arabisch*
- *außerdem Deutsch und Englisch heute*
- *Leben in verschiedenen Sprachen und Kulturen, normal, lieben*

c) Schreiben Sie einen kleinen Text über sich selbst.

Kernwortschatz

Verben

abschließen *THN 2*, 86
abwaschen 26
anbauen 23
anbieten *THN 2*, 29
aufpassen 23
ausbauen *THN 2*, 51
beginnen *THN 2*, 29
danken *THN 2*, 51

einbauen *THN 2*, 51
einrichten *THN 2*, 112
entstehen *THN 2*, 81
erlauben *THN 2*, 120
ernähren 23
führen *THN 2*, 105
gefallen 22

gründen *THN 2*, 103
hassen *THN 2*, 61
hoffen *THN 2*, 63
kosten *THN 2*, 48
leiden 23
lernen 23
öffnen *THN 2*, 54
organisieren 23
planen *THN 2*, 89
produzieren *THN 2*, 81

prüfen *THN 2*, 32
schließen *THN 2*, 104
stellen 26
trocknen 26
unterscheiden 23
widersprechen 23
zumachen *THN 2*, 86
zunehmen 23

Nomen

r Anfang, ¨e *THN 2*, 63
s Angebot, -e *THN 2*, 33
e Arbeitsstelle, -n *THN 2*, 90
e Atmosphäre, -n *THN 2*, 31
r Ausflug, ¨e *THN 2*, 76
e Aussage, -n *THN 2*, 113
e Auswahl 28
e Badewanne, -n *THN 2*, 126
s Badezimmer, - 27
r Bau *THN 2*, 104
e Couch, -s 26
e Dose, -n *THN 2*, 81
r Eingang, ¨e *THN 2*, 44
s Einkaufszentrum, -zentren 25
r Einwohner, - *THN 2*, 97
e Erde 23
e Fabrik, -en *THN 2*, 54
s Gästehaus, ¨er 27
s Gebirge, - *THN 2*, 78
e Gemeinschaft, -en *THN 2*, 112

s Gerät, -e *THN 2*, 57
s Glas, ¨er *THN 2*, 81
e Größe, -n 22
e Haustür, -en *THN 2*, 126
e Heimat *THN 2*, 91
e Holztür, -en 29
e Jugend *THN 2*, 39
s Kaufhaus, ¨er *THN 2*, 45
s Kinderzimmer, - 26
e Klasse, -n *THN 2*, 22
e Kleinstadt, ¨e 21
s Königreich, -e 22
r Kunststoff, -e *THN 2*, 81
e Lage, -n *THN 2*, 112
e Landschaft, -en *THN 2*, 36
e Markthalle, -n 25
e Mehrheit, -en *THN 2*, 101
e Meinung, -en *THN 2*, 13
r Nachtclub, -s 25
r Nachteil, -e *THN 2*, 28
s Parkhaus, ¨er 25
e Qualität, -en *THN 2*, 45
r Raucher, - *THN 2*, 98
s Regal, -e *THN 2*, 114

e Reihe, -n 29
e Reparatur, -en *THN 2*, 47
r Schreibtisch, -e 26
e Schrift, -en 23
e Schulbildung 23
r Selbstmord, -e 23
r Smog, -s *THN 2*, 84
s Sofa, -s *THN 2*, 69
r Stadtteil, -e *THN 2*, 99
s Stadtzentrum, -zentren *THN 2*, 99
r Stein, -e *THN 2*, 38
s Stockwerk, -e 20
r Stoff, -e *THN 2*, 81
s Telefonbuch, ¨er *THN 2*, 89
r Verstand *THN 2*, 94
s Volk, ¨er *THN 2*, 102
r Vorort, -e *THN 2*, 112
r Vorteil, -e *THN 2*, 28
e Waschmaschine, -n 26
r Weg, -e *THN 2*, 38
e Wiese, -n 19
s Wohnzimmer, - 26
r Zeitpunkt, -e 22

Lektion 2

Adjektive

flach   20
hoch   *THN 2*, 75
hübsch   *THN 2*, 7
langweilig   *THN 2*,
   8
menschlich   23
negativ   *THN 2*, 30
notwendig   *THN 2*,
   34
offen   *THN 2*, 16

politisch   *THN 2*, 36
richtig   30
rund   *THN 2*, 10
schwach   *THN 2*,
   48
spitz   20
unglaublich
   THN 2, 36
vergangen   23
weit   *THN 2*, 122

Adverbien

außen   29
einmal   12
normalerweise
   THN 2, 88
nun   *THN 2*, 34
offenbar   *THN 2*,
   116

Funktionswörter

je ..., desto   24

Ausdrücke

nicht so gut   24
(etwas) mehr als
   24
die meisten   24
kaum jemand   24
ein kleiner Teil   24

Redemittel

Szenario: „Meinungen äußern" (Diskussion)

Wo würden Sie gerne wohnen?   19
Ich würde gerne in ... wohnen.   19
Warum würdest du gerne dort wohnen?   19

Weil ich dann ... hätte.   19
Dann müsste ich...   19
Ich wäre dann ...   19

Kerngrammatik

Konjunktiv II: Irrealis (§ 25, § 27)

Wenn ich viel Geld <u>hätte</u>, <u>würde</u> ich gerne in einem Schloss wohnen.
Wenn ich in einem Leuchtturm <u>wohnen würde</u>, <u>könnte</u> ich den Blick aufs Meer genießen.

Adjektivdeklination (*THN 2*, § 5)

Jede Wohnung hat einen <u>schmalen</u> Balkon.
Mir gefällt besonders das <u>attraktive</u> Freizeitangebot in der Großstadt.

Komposita: Nomen (§ 1)

der Punkt + die Zeit
das Leben + der Standard
groß + die Stadt

der Zeitpunkt *(Nomen + Nomen)*
der Lebensstandard *(Nomen + -(e)s / -(e)n + Nomen)*
die Großstadt *(Adjektiv/Adverb + Nomen)*

Nomen mit Genitivergänzung (§ 19)

Etwa <u>die Hälfte der Deutschen</u> wohnt lieber auf dem Land.

<u>Die Probleme meiner Firma</u> werden immer größer.

Passiv mit Modalverb (§ 23, § 24)

Die alte Lukas-Kirche <u>soll</u> <u>abgerissen werden</u>!
Das Postamt <u>muss</u> unbedingt <u>renoviert werden</u>.
Die Fenster <u>können</u> jetzt <u>eingebaut werden</u>.

Richtungsangaben (*THN 2*, § 16)

<u>Wohin</u> hast du den Schreibtisch gestellt?
<u>Ins</u> Wohnzimmer, nach hinten, neben das Fenster.
<u>Wohin</u> soll ich das Bild hängen?
<u>Dahin</u>, über das Bett.

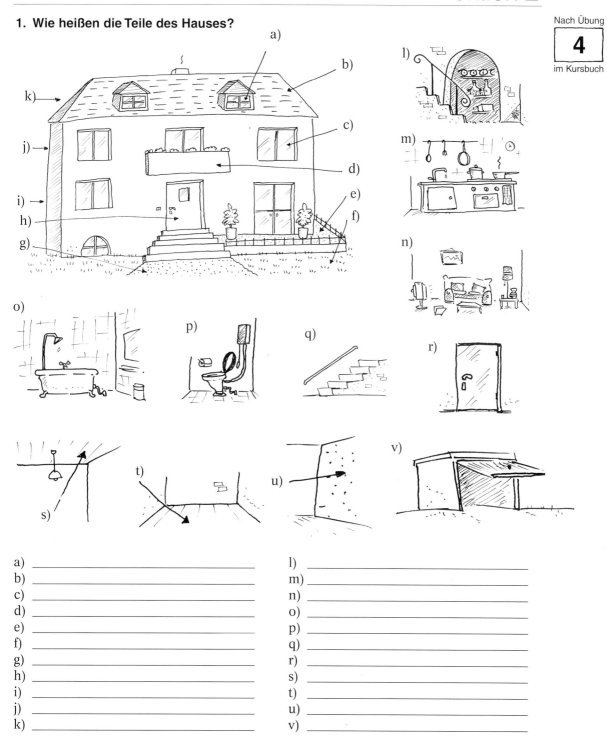

1. Wie heißen die Teile des Hauses?

Nach Übung

4

im Kursbuch

a) _____
b) _____
c) _____
d) _____
e) _____
f) _____
g) _____
h) _____
i) _____
j) _____
k) _____

l) _____
m) _____
n) _____
o) _____
p) _____
q) _____
r) _____
s) _____
t) _____
u) _____
v) _____

Lektion 2

2. Was für Eigenschaften können die Dinge haben? Was für Typen gibt es?

eng gemütlich lang ungepflegt gepflegt rund hoch hell geschlossen
bequem komisch verschlossen dunkel abgeschlossen hübsch ~~flach~~
niedrig hässlich klein aufgeräumt modern breit groß neu offen
alt leer steil mehrstöckig modern/neu/gut eingerichtet schön schräg

Land- Wohn- Stein- Küchen- Luxus- Metall- Einfamilien- Kinder-
Hoch- Flach- Keller- Spitz- Dach- Gäste- Eisen- Kunststoff- Stadt-
Holz- Schlaf- Zweifamilien- Reihen- Mehrfamilien- Arbeits- Wohnzimmer-

a) Dach: spitz,
            Flachdach,

b) Haus: _____

c) Tür: _____

d) Fenster: _____

e) Garten: _____

f) Treppe: _____

g) Zimmer: _____

h) Wand: _____

i) Decke: _____

3. Was kann man mit den Dingen tun?

mieten reparieren aufräumen bauen zumachen runter-/hinuntergehen
vermieten einrichten schließen aufmachen öffnen
renovieren abschließen reinigen aufschließen rauf-/hinaufgehen

a) Haus: _____
b) Tür: _____
c) Zimmer: _____
d) Treppe: _____

4. Beschreiben Sie das Haus aus Übung 1.

<u>Das Haus ist ein Zweifamilienhaus. Es hat ...</u>

_____

_____

Nach Übung

4

im Kursbuch

5. Ergänzen Sie.

Nach Übung

5

im Kursbuch

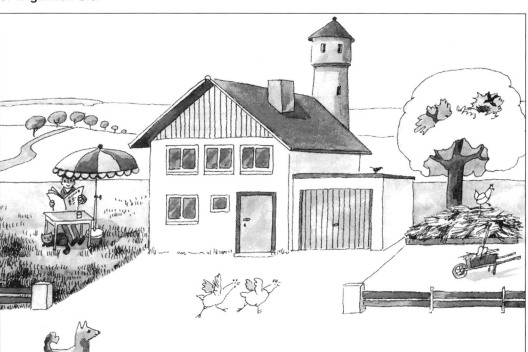

| neben | außerhalb | davor | darunter | auf | hinter | darin | darauf | neben |
| davon | an | hinter | darin | im | darunter | auf |

Das ist ein Bild von unserem Haus. Wie du siehst, wohnen wir _____ _____(a)
Land. Das Haus liegt _____ _____(b) kleinen Straße _____ _____(c)
Dorfes. Es steht _____ _____(d) Wiese. _____(e) Garten _____ _____(f)
Haus ist ein alter Wasserturm. Die Kinder spielen gerne _____(g). Die Garage rechts
_____ _____(h) Haus wurde letztes Jahr gebaut. Rechts _____(i) ist ein großer
Misthaufen. Unsere Hühner lieben ihn. Sie laufen immer _____(j) herum. _____
_____(k) Misthaufen steht ein Apfelbaum. Vögel bauen _____(l) gerne Nester. Die
Wiese links _____ _____(m) Haus ist im Sommer mein Lieblingsplatz. Siehst du
den Sonnenschirm? Der Mann, der _____(n) sitzt, bin ich. Den Tisch haben mir
Nachbarn geschenkt. Das dunkle Tier _____(o) ist meine Katze. Ich habe auch ein
Gartenhaus. Du kannst es nicht sehen, weil die Garage genau _____(p) steht.

Lektion 2

Nach Übung

5

im Kursbuch

6. Was verbindet man stärker mit „Dorf" und was stärker mit „Stadt"?

Lärm Theater Parkhaus Vorort Park Ampel Ruhe Industriegebiet
Hochhaus Kaufhaus Ort Tiefgarage Gegend Garten Stau Kino Wald U-Bahn
Bauernhaus Feld Viertel Landstraße Gebirge Land Wiese Verkehr Zentrum

Dorf   Stadt

_____   _____

_____   _____

_____   _____

_____   _____

_____   _____

Nach Übung

5

im Kursbuch

7. Mustertext und Hilfen für Übung 5 im Kursbuch S. 21.

a) Lesen Sie den Mustertext

Ich lebe in Córdoba. Das ist die zweitgrößte Stadt in Argentinien. Sie liegt etwa 700 km nordwestlich von Buenos Aires. Sie hat ungefähr eine Million Einwohner. Córdoba ist über 430 Jahre alt. Das alte Zentrum um die Plaza San Martin ist schön renoviert und sehr attraktiv. Die Straßen sind eng und schmal. Es gibt phantastische Kirchen, historische Gebäude, wunderschöne Parks und tolle Geschäfte. Die Altstadt ist ein beliebter Treffpunkt. Dort sind die besten Cafés, Bars, Diskotheken und Restaurants. Córdoba hat eine große Universität mit 90.000 Studenten. Deshalb leben in der Stadt viele junge Leute, auch aus dem Ausland. Das kulturelle Angebot ist groß. Es gibt verschiedene Museen, Theater und Kinos. Das Leben in Córdoba ist nie langweilig. Auch spät in der Nacht sind Menschen auf der Straße. Es ist immer etwas los.

Ich wohne etwas außerhalb der Altstadt bei meinen Eltern. Die Wohnung ist in einem Mehrfamilienhaus. Wir haben eine ganze Etage für uns. Das Haus liegt in einer kleinen Straße, direkt an einem Park. Der Stadtteil ist ruhig und trotzdem nicht zu weit vom Zentrum. Ich fahre fast immer mit dem Bus, weil es zu wenige Parkplätze gibt. Die Busverbindungen in Córdoba sind nicht schlecht. Ich brauche etwa 20 Minuten ins Zentrum.

Auch die Umgebung von Córdoba ist sehr schön. Die Stadt liegt am Rande der Sierra de Córdoba. Das ist ein Gebirge. Die Landschaft dort ist wunderschön. Sie ist ideal für Ausflüge am Wochenende.

b) Beschreiben Sie Ihren Wohnort ähnlich wie im Mustertext.

... wohne/lebe/komme aus ...

... ist ... Dorf/Stadt/Groß-(Klein-)stadt/Ort in ...

... liegt im Norden/Süden/Osten/Westen
   südlich/südöstlich/... von
   im Gebirge/am Meer/ an der Küste/in der Nähe von .../...

... hat fast/ungefähr/etwa... Einwohner/...

... ist schön/nicht so schön/alt/modern/eng/klein/groß/attraktiv/unattraktiv/
   renoviert/ ...

... wohne (direkt) im Stadtzentrum/(draußen) am Stadtrand/in einem Vorort von
   ..., 3 km außerhalb des Stadtzentrums/...

... gibt viele/wenige/einige/keine/ Museen/Theater/Parks/Kultur- (Sport- /
   Freizeit- /...) angebote/ Kinos/Geschäfte/...

... ist berühmt/bekannt für/wegen ...

... ist (wunder-)schön/nicht so schön/hässlich/alt/modern/gepflegt/ungepflegt/
   fantastisch/...

... ist ruhig/hektisch/lebendig/interessant/(nie) langweilig/ ...

... liegt in einer ruhigen/lauten Gegend/Straße/in einem schönen Stadtteil/am
   Rande eines Parks/in der Nähe der Universität/...

8. Wie finden Sie das Leben in einer Großstadt?

Nach Übung

6

im Kursbuch

groß	klein	hoch	stark	niedrig	schwach	gut	schlecht	toll
	schrecklich		fantastisch		attraktiv	furchtbar		unattraktiv

A) Wo passen die Adjektive? Ergänzen Sie.

a) das   _große, kleine,_ _____   Arbeitsplatz-/Jobangebot
   Freizeitangebot
   Angebot in den Geschäften
   Kulturangebot
   Schulangebot

b) die _____ Auswahl an Geschäften

c) die _____ medizinische Versorgung

d) die _____ Hektik

e) der _____ Lärm

f) der _____ Smog

g) die _____ Kriminalität

h) der _____ Dreck/Schmutz

i) die _____ Enge

j) der _____ Verkehr

k) die _____ Freundlichkeit/
   Unfreundlichkeit der
   Menschen

l) der _____ Drogenkonsum

Lektion 2

B) Formulieren Sie 10 positive und 10 negative Meinungen über das Leben in der Großstadt.

| gut/schlecht / nicht so gut / schrecklich/prima finden | mögen |
| lieben   Vorteil/Nachteil sein   gefallen / nicht gefallen | hassen |

Mir gefällt das große Freizeitangebot.

Ein Nachteil ist ...

Ich liebe ...

Ich finde ...

9. Was ist das? Wie heißt das Nomen?

Nach Übung

9

im Kursbuch

A) Adjektiv + Nomen

Beispiel: _groß_ + _Stadt_ = _Großstadt_

| hart frisch billig hoch privat |
| fertig ~~groß~~ kurz |

+

| Reise Haus Haus Gemüse ~~Stadt~~ |
| Haus Holz Haus |

a) _Großstadt_ _____ = _Stadt_ _____ , die mehr als 100 000 Einwohner hat

b) _____ = _____ , das wenig kostet und eine niedrige Qualität hat

c) _____ = _____ mit mehr als 10 Stockwerken

d) _____ = _____ , in dem man nur wohnt und es kein Geschäft gibt

e) _____ = _____ , das sehr fest und schwer ist

f) _____ = _____ , das nicht aus der Dose oder tiefgefroren ist

g) _____ = _____ , die nur wenige Tage dauert

h) _____ = _____ , dessen Teile in einer Fabrik produziert und in kurzer Zeit zusammengebaut werden

B) Nomen + Nomen

Beispiel: _Stadt_ + _Mensch_ = _Stadtmensch_

| ~~Stadt~~ Reihe Heimat Eingang |
| Klassen Job Traum Geburt |

+

| Suche ~~Mensch~~ Tür Jahr |
| Land Haus Zimmer Haus |

a) _Stadtmensch_ _____ = _Mensch_ _____ , der in der Stadt lebt

b) _____ = _____ , aus dem man kommt, in dem man geboren wurde

c) _____ = _____ mit viel Luxus, das man sehr gerne hat oder
haben möchte

d) _____ = _____ nach einer Arbeitsstelle

e) _____ = _____ , in dem die Schüler unterrichtet werden

f) _____ = _____ , das nicht frei steht, sondern aneinander
gebaut ist

g) _____ = _____ , in dem man geboren wurde

h) _____ = _____ , durch die man in ein Haus hineingeht

C) Verb + Nomen

Beispiel: *waschen + Maschine = Waschmaschine*

| parken einkaufen fahren prüfen ~~waschen~~ baden schreiben kochen | **+** | ~~Maschine~~ Hose Gerät Platz Zettel Buch Tisch Schule |

a) Waschmaschine _____ = Maschine _____ , mit der man Wäsche wäscht

b) _____ = _____ , auf dem man notiert, was man kaufen
möchte

c) _____ = _____ mit Rezepten für Mahlzeiten

d) _____ = _____ , auf dem man Autos abstellt

e) _____ = _____ , mit dem man technische Funktionen
kontrolliert

f) _____ = _____ , in der man lernt, Auto zu fahren

g) _____ = _____ , an dem man (z. B. in einem Büro) sitzt und
arbeitet

h) _____ = _____ , die man beim Schwimmen trägt

10. Für welche Typen gibt es deutsche Nomen?

Nach Übung

9

im Kursbuch

Man kann im Deutschen sehr einfach neue zusammengesetzte Nomen bilden. Solche
Nomen werden verstanden, aber viele sind nicht üblich. Bilden Sie Nomen, die Ihrer
Meinung nach üblich sind.

| Alt- Arbeits- ~~Arbeits-~~ Aufzugs- Auto- Bade- Bohr- Ess- ~~Bau-~~ Bilder- Gäste- |
| ~~Brief-~~ Computer- Glas- Dreh- Haus- Drucker- ~~Eingangs-~~ Kinder- ~~Kinder-~~ |
| Gäste- Näh- Geschenk- Küchen- Leder- Wohn- ~~Jugend-~~ Kaffee- Millimeter- |
| Kinder- Haus- Schreib- Kühlschrank- Schul- Wohnungs- Pack- |
| Wörter- Koch- Küchen- Wasch- Zeitungs- Schreib- Balkon- Stoff- |
| Raucher- Tanz- Taschen- Telefon- Toiletten- Wander- Arbeits- Warte- |
| Kinder- Schlaf- Schrank- Sommer- Winter- Kopier- Sport- |
| Spül- |

Lektion 2

Papier
Briefpapier, ...

Maschine
Baumaschine, ...

Zimmer
Arbeitszimmer, ...

Schuhe
Kinderschuhe, ...

Tür
Eingangstür, ...

Buch
Jugendbuch, ...

Nach Übung

13

im Kursbuch

11. Ergänzen Sie die Aussagen von Professor Tobias.

a) Die Menschen hoffen, ein besseres Leben für ihre Familien zu finden. Aber die Großstadtbewohner leiden unter schlechter Luft, Lärm und unter dem Licht, das die Nacht zum Tag macht. Zwar bieten Städte noch Platz für Theater, Musik, Kunst, Bibliotheken, Universitäten, aber es gibt auch viel Negatives.

b) Natürlich nicht. Wir können die Städte ja nicht zerstören, an unsere Zeichentische gehen und noch einmal anfangen wie in der Steinzeit oder im Garten Eden.

c) Bis vor 10 000, 15 000 Jahren waren alle Menschen Jäger und Sammler. Dann lernten sie, Tiere zu halten und Früchte anzubauen. Von diesem Zeitpunkt an wohnten sie an festen Plätzen.

d) Ja, nun konnte ein einziger Junge auf die Tiere aufpassen, während vorher 20 Männer auf die Jagd gehen mussten, um ihre Gemeinschaft zu ernähren. Auf einmal hatten die Menschen viel Zeit für andere Dinge: Schriften wurden erfunden, es entstanden Religionen, Königreiche.

e) In jedem Land, das ich kenne, sprechen die Metropolenbewohner schneller als die Leute vom Land. Ihr Verstand arbeitet unglaublich schnell, was übrigens keine Frage der Schulbildung ist, denn es gilt auch für die Unterschicht. Das ist ein Überlebensmechanismus.

f) Der Mensch lebt seit fünf bis acht Millionen Jahren auf der Erde, die ersten Städte wurden erst vor rund 8000 Jahren gegründet. Das heißt: Nur in etwa einem Tausendstel ihrer Geschichte hat sich die Menschheit in Städten organisiert.

g) Das beginnt bei kleinen Dingen. In den Städten führen mehr Menschen Selbstgespräche auf der Straße. Das ist ja noch harmlos, aber ebenso gibt es mehr Selbstmorde, mehr Diebe usw.

h) Das Problem ist, dass die Bevölkerung der Städte immer mehr zunimmt. Zur Zeit Christi lebte nicht einmal ein Prozent der Menschen in Städten, 1920 waren es schon 14 Prozent. Heute lebt jeder zweite in einer Stadt, in den USA und Westeuropa sind es sogar 75 bis 80 Prozent. Vor allem in den vergangenen 100 Jahren hat sich mehr verändert als in den 7900 Jahren zuvor. Heute gibt es einige Dutzend Städte, die zwischen 10 und 20 Millionen Einwohner haben.

special: Professor Tobias, was macht Sie sicher, dass die Lebensbedingungen in großen Städten der menschlichen Natur widersprechen?

Tobias: f_____

special: Was hat sie dazu gebracht?

Tobias: _____

special: Und das hatte offenbar seine Vorteile.

Tobias: _____

special: Was ist nun so schlecht daran?

Tobias: _____

special: Was macht diese Riesenstädte für die Menschen so attraktiv?

Tobias: _____

special: Was zum Beispiel?

Tobias: _____

special: Was unterscheidet aus Ihrer Sicht den Großstädter vom Landmenschen?

Tobias: _____

special: Möchten Sie, dass die Menschen zukünftig wieder in den Wäldern leben?

Tobias: _____

special: Professor Tobias, wir danken Ihnen für dieses Gespräch.

---

12. Ergänzen Sie die Gradadverbien.

Nach Übung **17** im Kursbuch

etwas weniger als	zirka	rund	ungefähr	weniger als	genau
unter	etwa	fast	über	etwas mehr als	mehr als

Was passt?

a) € 100,00
   Ich habe _____genau_____ € 100.

b) € 103,00
   Ich habe _____zirka_____ € 100.

   _____
   _____
   _____
   _____
   _____

c) € 132,00
   Ich habe _____ € 100.

d) € 96,00
   Ich habe _____ € 100.

   _____
   _____
   _____
   _____
   _____

e) € 75,00
   Ich habe _____ € 100.

---

13. Vergleichen Sie.

Nach Übung **17** im Kursbuch

a) Leute stark politisch links sein (↑) / gern in Städten wohnen (↑)
   Je stärker die Leute politisch links sind, desto lieber wohnen sie in Städten.

b) 56% der Deutschen gerne auf dem Land (↗) leben / in der Stadt (↘)
   56% der Deutschen wohnen lieber auf dem Land als in der Stadt.

c) Schulbildung der Leute hoch sein (↑) / das Stadtleben gut finden (↑)
   _____

d) Haus alt sein (↑) / viele Reparaturen notwendig sein (↑)
   _____

Lektion 2

e) Stadtmenschen schnell sprechen (↗) / Landmenschen (↘)

_____

f) in den letzten 100 Jahren viel verändert (↗) / in den 7900 davor (↘)

_____

g) Städte groß werden (↑) / die Kriminalität hoch sein (↑)

_____

Nach Übung

17

im Kursbuch

14. Nomen mit Genitivergänzungen

A) Beachten Sie die Unterschiede.

die Probleme   der Firma / meiner Firma

der Firmen / seiner Firmen

einer Firma

von Firmen

aller Firmen

B) Ergänzen Sie Artikel und Nomen.

a) die Mentalität   der Deutschen / von Deutschen / aller Deutschen   (die Deutschen)
b) der Charakter _____ (das Volk)
c) im Zentrum _____ (die/meine Stadt)
d) die soziale Lage _____ (die Unterschicht)
e) auf dem Dach _____ (das/mein Haus)
f) die Rechte _____ (der Bürger)
g) am Anfang _____ (der/ihr Konflikt)
h) die Größe _____ (die/ihre Wohnung)
i) in der Nähe _____ (ein Sportplatz)
j) die Atmosphäre _____ (eine Kleinstadt)
k) das Reihenhaus _____ (die/eure Eltern)
l) auf der Dachterrasse _____ (das/Ihr Hochhaus)
m) der Lebensstandard _____ (der Stadtmensch)

C) Ihre Grammatik. Ergänzen Sie die Tabelle.

	der Flugplatz *in der Nähe ...*		die Kirche *in der Nähe ...*		das Parkhaus *in der Nähe ...*	
Sg.	des Flugplatzes	eines				
Pl.						
alle	aller	—		—		—
von	—	von		—		—

15. Ordnen Sie.

Nach Übung
17
im Kursbuch

~~ein paar~~ keiner fast alle ganz wenige nur wenige ziemlich viele die meisten die Mehrheit sehr viele die wenigsten jeder kaum jemand wenige nur ein paar alle die Minderheit niemand viele ein großer Teil nur ein kleiner Teil einige

< 50%	50%	> 50%

a) _ein paar_   m) _____
b) _____   n) _____
c) _____   o) _____
d) _____   p) _____
e) _____   q) _____
f) _____   r) _____
g) _____   s) _____
h) _____   t) _____
i) _____   u) _____
j) _____
k) _____
l) _____

16. Was passt nicht?

Nach Übung
19
im Kursbuch

a) Nachtclub – Bar – Diskothek – Hotel
b) Arztpraxis – Sprechstunde – Krankenhaus – Apotheke
c) Parkverbot – Tiefgarage – Parkhaus – Parkplatz
d) Kaufhaus – Markthalle – Einkaufszentrum – Bäckerei
e) Theater – Kirche – Oper – Konzerthalle
f) Platz – Straße – Gasse – Weg

17. Sagen Sie es anders.

Nach Übung
20
im Kursbuch

a) Man muss das Haus renovieren.   _Das Haus muss renoviert werden._
b) Wir dürfen das Haus nicht abreißen.   _____
c) Man will das Haus renovieren.   _____
d) Man kann den Bau nicht verbieten.   _____
e) Die Stadt muss den Bau des Hauses erlauben.   _____
f) Wir wollen die Küche modernisieren.   _____
g) Man darf das Kulturzentrum nicht schließen.

Lektion 2

Nach Übung

20

im Kursbuch

18. Was können Sie auch sagen? Ergänzen Sie.

> ~~Haben Sie vor,~~   ~~Ist es richtig,~~   Ist es sicher,   Ist es wahr,   Man hat mir gesagt,
> Man sagt,   Man erzählt,   ~~Ich habe gehört,~~   Können Sie mir sagen,   ~~Wissen Sie,~~
> Haben Sie Informationen,   Planen Sie,   Ist das richtig?   Ist das wahr?   Stimmt es,
> ~~Stimmt das?~~   Ist das sicher?   Haben Sie die Absicht,   Haben Sie den Plan,

a) Ich habe gehört, _____ dass in der Nordstraße ein   Stimmt das? _____
   Kino gebaut werden soll.
   _____   _____
   _____   _____

b) Wissen Sie, _____ ob am Karlsplatz ein Parkhaus gebaut werden soll?
   _____

c) Ist es richtig, _____ dass das Stadttheater am Rathausplatz renoviert werden soll?
   _____

d) Haben Sie vor, _____ den Nachtclub in der Nordstraße umzubauen?
   _____
   _____

Nach Übung

20

im Kursbuch

19. Was für Arbeiten werden hier gemacht? Schreiben Sie.

> Garage bauen   Bad renovieren   Fenster einbauen   Terrasse reinigen   Regal aufbauen
> eine Wand abreißen   Heizung reparieren   Glühbirne wechseln   Waschbecken ausbauen

a) Eine Wand wird _____   b) _____   c) _____

d) _____   e) _____   f) _____

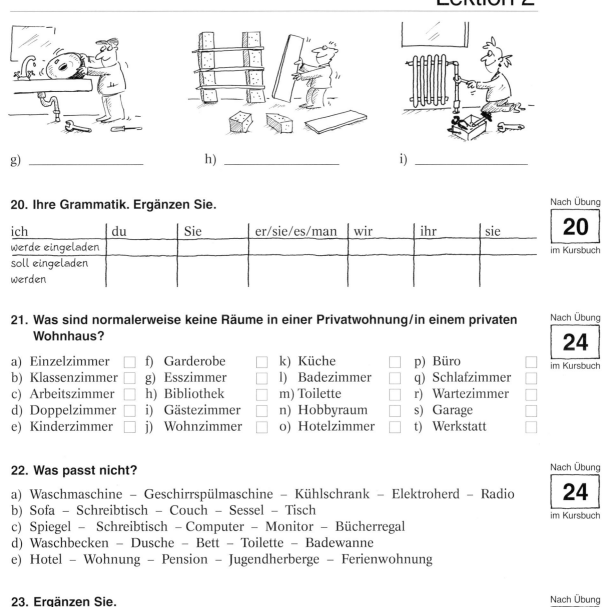

g) _____ h) _____ i) _____

20. Ihre Grammatik. Ergänzen Sie.

Nach Übung

20

im Kursbuch

ich	du	Sie	er/sie/es/man	wir	ihr	sie
werde eingeladen						
soll eingeladen werden						

21. Was sind normalerweise keine Räume in einer Privatwohnung/in einem privaten Wohnhaus?

Nach Übung

24

im Kursbuch

a) Einzelzimmer ☐
b) Klassenzimmer ☐
c) Arbeitszimmer ☐
d) Doppelzimmer ☐
e) Kinderzimmer ☐

f) Garderobe ☐
g) Esszimmer ☐
h) Bibliothek ☐
i) Gästezimmer ☐
j) Wohnzimmer ☐

k) Küche ☐
l) Badezimmer ☐
m) Toilette ☐
n) Hobbyraum ☐
o) Hotelzimmer ☐

p) Büro ☐
q) Schlafzimmer ☐
r) Wartezimmer ☐
s) Garage ☐
t) Werkstatt ☐

22. Was passt nicht?

Nach Übung

24

im Kursbuch

a) Waschmaschine – Geschirrspülmaschine – Kühlschrank – Elektroherd – Radio
b) Sofa – Schreibtisch – Couch – Sessel – Tisch
c) Spiegel – Schreibtisch – Computer – Monitor – Bücherregal
d) Waschbecken – Dusche – Bett – Toilette – Badewanne
e) Hotel – Wohnung – Pension – Jugendherberge – Ferienwohnung

23. Ergänzen Sie.

Nach Übung

24

im Kursbuch

a) wohnen : Wohnung – übernachten : _____
b) arbeiten : Arbeitszimmer – kochen : _____
c) Kleider : Schrank – Bücher : _____
d) arbeiten : Schreibtisch – essen : _____
e) Wäsche waschen : Waschmaschine – Wäsche trocknen : _____
f) Hund : Hundekorb – Mensch : _____
g) Bett : schlafen – Stuhl : _____
h) Spüle : abwaschen – Elektroherd : _____

Lektion 2

Nach Übung

24

im Kursbuch

24. Welcher Satz passt zu welchem Bild?

a) Er stellt das Fahrrad an die Mauer. ☐
b) Das Fahrrad steht an der Mauer. ☐
c) Er setzt das Kind auf einen Stuhl. ☐
d) Das Kind sitzt auf einem Stuhl. ☐
e) Er legt das Buch auf den Tisch. ☐

f) Das Buch liegt auf dem Tisch. ☐
g) Er hängt die Uhr an die Wand. ☐
h) Die Uhr hängt an der Wand. ☐
i) Er steckt den Brief in den Briefkasten. ☐
j) Der Brief steckt im Briefkasten. ☐

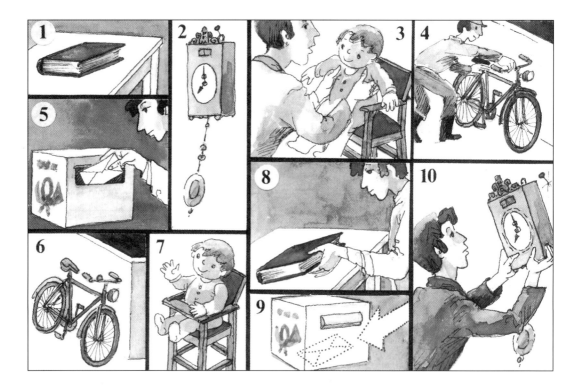

Kernwortschatz

Verben

abspielen 32
ankommen 34
anschließen 32
aufgeben *THN 2,* 119
aussehen *THN 2,* 17

bedeuten *THN 2,* 41
beginnen *THN 2,* 29
besitzen 38
bleiben *THN 2,* 42
fühlen *THN 2,* 69
führen 85

gehören 42
mitmachen *THN 2,* 78
nähen *THN 2,* 126
öffnen *THN 2,* 54
riechen *THN 2,* 84
sorgen *THN 2,* 55

suchen 40
teilen 36
trennen *THN 2,* 54
verabreden *THN 2,* 118
versprechen *THN 2,* 31

Nomen

e Anleitung, -en 35
r Augenblick, -e *THN 2,* 24
r Ausdruck, ¨e 37
r Ausflug, ¨e *THN 2,* 76
r Baum, ¨e *THN 2,* 41
r Betrieb, -e *THN 2,* 31
e Bewegung, -en *THN 2,* 34
s Boot, -e *THN 2,* 122
r Club, -s 34
e Diskussion, -en *THN 2,* 18
e Empfehlung, -en 35
r/e Erwachsene, -n 32

s Freizeitprogramm, -e 32
s Gewicht, -e *THN 2,* 48
s Gras, ¨er *THN 2,* 127
e Hochzeit, -en *THN 2,* 14
s Jogging 34
e Laune, -n *THN 2,* 61
e Liebe *THN 2,* 16
s Lied, -er *THN 2,* 40
s Mitglied, -er *THN 2,* 102
r Moment, -e *THN 2,* 115
r Motor, -en *THN 2,* 47
r Mut *THN 2,* 13
r Punkt, -e *THN 2,* 16
s Recht, -e *THN 2,* 44
r Reifen, - *THN 2,* 47

r Rock, ¨e *THN 2,* 7
e Saison, -s 32
e Schulzeit, -en *THN 2,* 28
r See, -n *THN 2,* 78
e Sportart, -en 34
r Star, -s *THN 2,* 98
e Stimmung, -en *THN 2,* 106
s Studio, -s *THN 2,* 36
r Terminkalender, - 32
s Training, -s 32
r Verein, -e *THN 2,* 98
e Wiese, -n 38
s Ziel, -e *THN 2,* 101
s Zuhause, - 33

Adjektive

aktiv *THN 2,* 52
bequem 38
fit 32
höflich *THN 2,* 61
lautlos 32
pünktlich *THN 2,* 16
regelmäßig *THN 2,* 43
richtig 32
schlimm *THN 2,* 28

sinnvoll 15
sportlich *THN 2,* 11
toll *THN 2,* 24
traurig *THN 2,* 7
ungesund *THN 2,* 75
unsportlich *THN 2,* 11
wichtig 73

Adverbien

bisher 32
einverstanden *THN 2,* 19
hinten *THN 2,* 51
prima 33
selten *THN 2,* 12
unterwegs 32
vorbei *THN 2,* 93

Funktionswörter

bei 37
in 37
nach 37
ob *THN 2,* 41
seit 37
vor 37
während 37
wegen *THN 2,* 84
weil *THN 2,* 23
wenn ..., (dann) 39

Lektion 3

Redemittel

Szenario: „jemanden überreden"

Weißt du was?   33
Ich habe eine Idee: ...   33
Wir könnten mal wieder ...   33
Wollen wir mal wieder ...?   33
Was hältst du davon?   33
Du, sag mal ...   33
Das finde ich toll!   33
Ja, prima.   33
Gut, machen wir.   33
Nein, lieber nicht.   33
Aber wir könnten ...   33
Keine Lust!   33
Vielleicht ein anderes Mal!   33

Kerngrammatik

Ratschläge mit „sollte" (§ 28b)

Du solltest nicht zu viel Sport machen.
Man sollte regelmäßig in Bewegung sein.

Präpositionen bei Zeitangaben (THN 2, § 16)

Thomas und Peggy kennen sich seit zwei Jahren.
Sie haben sich vor zwei Jahren kennen gelernt.
Unser Fitness-Studio ist auch während der Ferien geöffnet.
Nach der Arbeit gehe ich direkt nach Hause.

Komparation (THN 1, § 21)

Wenn man Sport treibt, lebt man gesünder.
Thomas lebt bei seinen Eltern bequemer als in der eigenen Wohnung.
Schwimmen ist die gesündeste Sportart.
Schwimmen ist am gesündesten.

Konjunktiv II: Verwendung (§ 27)

Am liebsten würde ich jeden Tag zum Schwimmen gehen. *(Wunsch)*
Ich an deiner Stelle würde mehr Sport treiben! *(Ratschlag)*
Wenn ich nicht arbeiten müsste, würde ich um die Welt reisen. *(Irrealer Bedingungssatz)*
Würden Sie bitte etwas langsamer sprechen? *(Höfliche Bitte)*

1. Wo passen die Verben?

Nach Übung

2

im Kursbuch

angeln	Rad fahren	Golf spielen	wandern	surfen	Schach spielen	malen

lesen Billard spielen tanzen laufen/joggen nähen reiten feiern

schwimmen im Garten arbeiten Picknick machen Ski fahren Fußball spielen

fotografieren Karten spielen Camping machen segeln fernsehen Tennis spielen

a) _____

b) _____

c) _____

d) _____

e) _____

f) _____

g) _____

h) _____

i) _____

j) _____

k) _____

l) _____

m) _____

n) _____

o) _____

p) _____

q) _____

r) _____

s) _____

t) _____

u) _____

v) _____

w) _____

x) _____

y) _____

Lektion 3

Nach Übung

4

im Kursbuch

2. Bilden Sie Sätze mit „weil", „um zu" oder „wegen".

a) – Silke geht gern ins Kino,
  weil sie das gemütlich findet. (gemütlich finden)
  um gute Laune zu bekommen (gute Laune bekommen)
  – Silke geht (die gemütliche Stimmung)
  wegen der gemütlichen Stimmung gerne ins Kino.

b) – Die Brinkmanns fahren am Wochenende oft Rad,
  _____ (den Kindern Spaß machen)
  – Die Brinkmanns fahren (die Kinder)
  _____ gern Rad.

c) – Die Erdmanns fahren gerne Ballon,
  _____ (lautloses Fliegen ein tolles Gefühl
  sein)
  – Die Erdmanns fahren (das tolle Gefühl beim lautlosen Fliegen)
  _____ gern Ballon.

d) – Maxl geht regelmäßig ins Fitness-Studio,
  _____ (gesund bleiben und gut aussehen
  möchten)
  _____ (gesund bleiben und gut aussehen)
  – Maxl geht (die Gesundheit und das gute Aussehen)
  _____ regelmäßig ins Fittness-Studio

e) – Senta spielt gerne Fußball,
  _____ (Ballspiele lieben)
  – Senta spielt (ihre Liebe zu Ballspielen)
  _____ gerne Fußball.

f) – Ilona bleibt am liebsten daheim,
  _____ (ihre Ruhe haben wollen)
  _____ (sich von ihrer anstrengenden
  Arbeit erholen können)

Nach Übung

8

im Kursbuch

3. Ergänzen Sie die Dialogteile.

– Am Freitag beginnt das Filmfestival. Wir
  könnten uns ein paar Filme anschauen.
– ~~Das wäre toll. Einverstanden!~~
– ~~Das Wetter ist phantastisch. Ich würde~~
  ~~gerne eine Fahrradtour machen.~~
– ~~Die Idee ist gut, aber ich bin leider~~
  ~~schon verabredet.~~
– Gibt es etwas Besonderes?
– Gute Idee, abgemacht!
– ~~Hast du am Wochenende etwas vor?~~
– Hast du am Wochenende frei?
– Ich hätte schon Lust, aber ich weiß
  noch nicht, ob ich kann.

– Ich möchte schon, aber ich bin leider am
  Wochenende nicht da.
– Ich würde gerne, aber es kommt darauf an,
  ob ich frei habe.
– Oh ja, das ist eine gute Idee. Das machen wir.
– Prima Idee, aber ich kann nicht versprechen,
  ob ich Zeit habe.
– Samstag ist das Sommerfest meines Fitness-
  Studios. Kommst du mit?
– Tut mir Leid. Aber ich habe leider keine Zeit.
– ~~Um was geht es?~~
– Warum fragst du?
– Was machst du am Wochenende?

a) ☐ Hast du am Wochenende etwas vor?

b) ○ Um was geht es?

c) ☐ Das Wetter ist phantastisch. Ich würde gerne eine Fahrradtour machen.

d) ○ Das wäre toll. Einverstanden!

e) ☐ Die Idee ist gut, aber ich bin leider schon verabredet.

4. Ordnen Sie (1–5).

Nach Übung

4

im Kursbuch

a) Die Mannschaft spielt _____ .

- [1] am Wochenende nie
- [ ] jedes Wochenende
- [ ] am Wochenende selten
- [ ] fast jedes Wochenende
- [ ] am Wochenende häufig

b) Maxl geht _____ ins Studio.

- [ ] einmal pro Woche
- [ ] fast jeden Tag
- [ ] zweimal pro Woche
- [ ] mehrmals pro Woche
- [ ] täglich

c) Senta geht _____ aus.

- [ ] nie
- [ ] häufig
- [ ] kaum
- [ ] sehr viel
- [ ] ganz selten

Lektion 3

Nach Übung

4

im Kursbuch

5. Wo passen die Ausdrücke? Ergänzen Sie.

den Mut haben   unterwegs sein   bei einem Klub Mitglied werden   stattfinden
klappen   ganz gefüllt sein   zu Ende sein   dafür sorgen, fit zu bleiben

a) Unser Freizeitprogramm <u>spielt sich</u> hauptsächlich am Wochenende <u>ab.</u>

b) Unser Terminkalender in der Woche <u>ist</u> immer <u>randvoll.</u>

c) Die Abende <u>sind</u> schnell <u>vorbei.</u>

d) Als Erwachsene <u>traue ich mich nicht,</u> allein ins Kinderkino zu gehen.

e) Wir <u>haben uns einem Verein angeschlossen.</u>

f) Man muss <u>sich fit halten.</u>

g) In dieser Saison <u>läuft</u> es sehr gut.

h) In der Woche <u>bin</u> ich die ganze Zeit <u>auf Achse.</u>

Nach Übung

im Kursbuch

6. Ergänzen Sie.

a) Erde : laufen – Wasser : _____
b) Pferd : reiten – Ski : _____
c) Fußball : Stadion – schwimmen : _____
d) Auto : (Auto)Rennen – Tennis : _____
e) Erfolg : gewinnen – Misserfolg : _____
f) Tennis : Einzelspieler – Fußball : _____
g) arbeiten : Betrieb – Sport treiben : _____
h) Tischtennis : Punkte – Fußball : _____

Nach Übung

10

im Kursbuch

7. Zu welchen Teilen des Interviews passen die Sätze?

a) Die Fitnesswelle ist wichtig, weil die Menschen im Beruf heute weniger körperlich aktiv sind als früher.
b) Durch die Fitnesswelle ist Sport für viele Menschen die wichtigste Freizeitbeschäftigung geworden.
c) Sport treiben in Fitness-Studios ist teuer.
d) Die Fitnesswelle hat Sport populär gemacht.
e) In einem Fitness-Studio merkt man nicht, dass Sport anstrengend ist.
f) Durch die Fitnesswelle tun immer mehr Leute etwas für ihre Gesundheit, aber man muss aufpassen, dass man richtig trainiert. Falsches Training kann ungesund sein.

A Schmiedeke: Die Sportvereine vermittelten immer den Eindruck, dass Sport einhergeht mit Arbeit, Anstrengung, Schweiß und Muskelkater. Die Fitness-Center verkaufen dagegen das Gefühl, das die Leute heute wollen: sich besser fühlen, sich wohl fühlen, Spaß an der Bewegung.

B Schmiedeke: Denken Sie mal an die Aerobic-Welle in den 80er Jahren! Warum war Jane Fonda damit so erfolgreich? Eben weil sie den Menschen vermitteln konnte: Sport macht Spaß. Sport ist modisch. Sport ist in. Und alle können mitmachen.

C Schmiedeke: Bewegung ist natürlich sinnvoll, vor allem wenn man bedenkt, dass die meisten von uns heutzutage in Büros sitzen und zu wenig Bewegung haben.

D Moderator: Und diese mangelnde Bewegung holt man im Fitness-Studio nach?

Schmiedeke: Genau.

Schmiedeke: Nun ist das Ganze ja nicht ganz billig. 40 bis 50 Euro pro Monat sind normal, wenn man Mitglied in einem Fitness-Club werden will. Ein teurer Spaß!

E Schmiedeke: Die feste Mitgliedschaft in den Clubs führt dann auch dazu, dass für manche das Fitness-Studio zum zweiten Zuhause wird: von der Arbeit direkt in den Club. Dort trifft man Freunde, macht ein wenig Sport, dann Wellness, isst noch etwas. Zu Hause braucht man nur noch das Bett.

Moderator: Das Fitness-Center als alleiniger Freizeitgestalter also?

Schmiedeke: Der Trend geht ganz klar dahin.

F Moderator: Bei all dem Spaß oder „Fun", kommt da auch die Gesundheit zu ihrem Recht?

Schmiedeke: Für die Leute ist es zunächst einmal wichtig, sich gut zu fühlen. Aber es kann auch gefährlich sein. Damit man die Übungen richtig macht, braucht man fachkundige Anleitung. Erkrankungen, die auf ein falsches Training zurückgehen, nehmen stark zu.

A	B	C	D	E	F

Lektion 3

8. Sagen Sie es anders. Verwenden Sie die Verbausdrücke im Kasten.

binden   nicht akzeptieren   nicht negativ finden   bedeuten   häufiger werden

sehr wichtig sein   zur zweiten Wohnung werden   Thema sein   klarmachen

auf etwas achten   nichts Besonderes sein   populärer werden

a) Die Fitness- und Wellnesswelle <u>ist</u> in Deutschland immer stärker <u>im Kommen</u>.

b) In dem Lied <u>geht es um</u> eine ironische Kommentierung des Leistungssports.

c) Jazz-Gymnastik <u>wirkte</u> eher <u>abschreckend</u>.

d) Die Sportvereine vermittelten immer den Eindruck, dass Sport <u>einhergeht mit</u> Arbeit, Anstrengung, Schweiß und Muskelkater.

e) Warum war Jane Fonda so erfolgreich? Weil sie den Menschen <u>vermitteln</u> konnte: Sport macht Spaß. Sport ist modisch. Sport ist in.

f) Der hohe Preis <u>schreckt</u> die meisten Leute <u>nicht ab</u>.
   Den hohen Preis

g) Teure Sportartikel <u>sind</u> heute schon <u>fast selbstverständlich</u>.

h) Die feste Mitgliedschaft in den Klubs führt dazu, dass für manche das Fitness-Studio <u>zum zweiten Zuhause</u> wird.

i) Die großen Studios <u>halten die Leute</u> mit einem umfassenden Freizeitprogramm <u>bei der Stange</u>.

j) Auf den „richtigen" Namen <u>kommt's an</u>.
   Der „richtige" Name

k) <u>Kommt</u> da auch die Gesundheit <u>zu ihrem Recht</u>?
   Wird da auch

l) Erkrankungen, die auf ein falsches Training zurückgehen, <u>nehmen stark zu</u>.

9. Ratschläge und Empfehlungen. Sagen Sie es anders.

Nach Übung
13
im Kursbuch

	Sie	Du

a) regelmäßig Sport machen

Ich rate Ihnen, regelmäßig Sport zu machen. Ich rate dir, regelmäßig Sport zu machen.

Machen Sie regelmäßig Sport. Mach regelmäßig Sport.

Sie sollten regelmäßig Sport machen. Du solltest regelmäßig Sport machen.

Sie müssen regelmäßig Sport machen. Du musst regelmäßig Sport machen.

b) ins Fitness-Studio gehen

c) auf die Gesundheit achten

d) nicht zu viel Krafttraining machen

Sie dürfen nicht

e) die Sportarten wechseln

10. Schreiben Sie eine kurze Zusammenfassung der Absätze A bis E. Verwenden Sie nur die Stichwörter.

Nach Übung
14
im Kursbuch

a) Absatz A

> Peggy und Thomas: seltsames Paar → er: Triathlet, Gewinner des „Ironman"-Triathlon auf Hawaii → sie: weltbeste Langstreckenschwimmerin → sehen sich selten → wohnen nicht zusammen → sie: in Ostdeutschland, er: 800 km entfernt in Westdeutschland

Peggy und Thomas sind …

b) Absatz B

> sich treffen beim Training → zusammen zu Wettkämpfen → trainieren
> gerne zusammen → Schwimmtraining: Peggy immer die Schnellste

c) Absatz C

> Terminkalender bestimmt das Leben → sich kennen lernen in Italien in einem
> Trainingslager → beide begeistert voneinander → bewundern sich
> gegenseitig wegen ihrer Leistungsfähigkeit

d) Absatz D

> Peggy sehr erfolgreich → in Südamerika in vier Wochen viermal gewonnen →
> Star in Südamerika, nicht in Deutschland

e) Absatz E

> einmal verloren, Begleitboot defekt → deshalb nicht trinken können →
> musste aufgeben → eigentlich Saison beenden, machte weiter → alle
> folgenden Rennen gewonnen

Nach Übung

17

im Kursbuch

11. Zeitpunkte und Zeiträume. Ergänzen Sie die richtige Präposition.

a) Welche Gruppe wird mit *an*, welche mit *in* verwendet? (Ergänzen Sie auch den
   definiten Artikel.)

_____	Morgen	_____	nächsten Tag
_____	Abend	_____	Jahresende
_____	Nachmittag	_____	Vormittag
_____	nächsten Wochenende	_____	1. Januar 2003
_____	Montag	_____	Nacht
_____	Anfang der Woche	_____	nächsten Woche
_____	Ende des Jahres	_____	Ferien
_____	Ostern	_____	Pause

	Sommer		letzten Tagen
_____	August	_____	20. Jahrhundert
_____	1985	_____	Moment
_____	Jahr(e) 1985	_____	Augenblick

b) Welche Gruppe kann mit *während/bei/in*, mit *während/bei/auf*, mit *während/bei* oder mit *während/in* stehen? (Ergänzen Sie auch den definiten Artikel.)

_____	Training	_____	Arbeit
_____	Wettkampf	_____	Rad fahren
_____	Studium	_____	Interview
_____	Diskussion	_____	Essen
_____	Reise	_____	Pause
_____	Tour	_____	Ferien
_____	Hochzeit	_____	Urlaub
_____	Konzert	_____	Schulzeit

c) *Vor* oder *nach*?

Wir haben uns _____ drei Jahren kennen gelernt.

_____ drei Jahren Zusammenleben haben wir uns getrennt.

In Frankreich trinkt man traditionell _____ dem Essen einen Aperitif, _____ dem Essen einen Digestif.

Die Ferien haben _____ einer Woche begonnen. Sie dauern noch fünf Wochen.

Doris arbeitet bis 18 Uhr. _____ der Arbeit geht sie regelmäßig ins Fitness-Studio.

d) *Seit, ab* oder *bis*?

Peggy ist schon _____ vielen Jahren Langstreckenschwimmerin.

_____ ihrer Partnerschaft haben Thomas und Peggy noch mehr Spaß an ihrem Sport.

Der Fernsehfilm fängt um 21 Uhr an und dauert _____ 22.30 Uhr.

_____ 6. Lebensjahr müssen Kinder in Deutschland zur Schule gehen.

Du kannst mich _____ 19 Uhr zu Hause anrufen. Danach bin ich nicht mehr da.

Ich bin morgens sehr früh im Büro. Sie können mich schon _____ 7 Uhr anrufen.

e) *Vor, an, nach, um* oder *seit*?

Rolf geht	immer	_____	Abend	ins Fitness-Studio.
	schon	_____	zwei Jahren	ins Fitness-Studio.
	pünktlich	_____	19 Uhr	ins Fitness-Studio.
	abends	_____	der Arbeit	ins Fitness-Studio und dann nach Hause.
	morgens	_____	der Arbeit	ins Fitness-Studio und danach ins Büro.

f) *Während, in, ab, an* oder *bis*?

Das Sportstudio *Alpha*	ist morgens	_____	9 Uhr geöffnet.
	ist jeden Tag	_____	24 Uhr geöffnet.
	ist auch	_____	der Weihnachtsfeiertage geöffnet.
	ist auch	_____	den Weihnachtsfeiertagen geöffnet.
	ist auch	_____	den Sommerferien geöffnet.
	ist auch	_____	der Sommerferien geöffnet.
	ist nur	_____	24.12. und 31.12. geschlossen.

Lektion 3

g) Ergänzen Sie den Artikel.

	der Wettkampf	die Diskussion	das Jahr 2000	die Wintermonate
vor	dem			
nach				
seit				
in				
während				

	der Jahresanfang	–	das Jahresende	die Feiertage
an				

	der Wettkampf	die Gymnastik	das Jogging	die Übungen
bei				

	der nächste Monat	die nächste Woche	das nächste Jahr	–
ab				

12. Ordnen Sie die Zeitausdrücke.

Wir haben uns   ein paar Wochen   nicht gesehen.
wochenlang
etwa zwei Wochen
gut zwei Wochen
über zwei Wochen
viele Wochen
genau zwei Wochen
mehrere Wochen
fast zwei Wochen

```
  0        1        2        3    4    8    16
  |_____|_____|_____|____|____|____|_ _ _
```

a) _____|

b) _____ _ _ _|

c) genau zwei Wochen _____|

d) _____|
   _____|

e) _____|
   _____|

f) _____|
   _____|

13. Was passt nicht?

Nach Übung

17

im Kursbuch

a) laufen – gehen – wandern – rennen – fahren
b) Fluss – Schwimmbad – See – Meer – Bach
c) wochenlang – kilometerlang – stundenlang – tagelang – jahrelang
d) in Wien sein – in Wien leben – in Wien wohnen – in Wien zu Hause sein
e) Reise – Tour – Fahrt – Urlaub – Ausflug
f) Schwimmer – Fähre – Boot – Schiff
g) reden – sprechen – singen – erzählen – sagen
h) Jahr – Woche – Tag – Stunde – Stück
i) viele Tage – ein paar Tage – einige Tage – wenige Tage
j) Beginn – Ziel – Start – Anfang
k) Ufer – Strand – Küste – Fluss

14. „Etwas/nichts" + Adjektiv. Ergänzen Sie.

Nach Übung

17

im Kursbuch

a) schön: Für Thomas gibt es _nichts_   _Schöneres_   als Triathlon.
b) schön: Das ist aber eine ziemlich hässliche Stadt. Da gibt es wirklich _nichts_
  Schönes   zu sehen.
c) schön: Wie ist Bremerhaven? Gibt es dort etwas _etwas_   _Schönes_   zu sehen?
d) neu: ☐ Hat dir Bernd _____ _____ erzählt? ○ Nein.
e) anstrengend: Es gibt im Sport _____ _____ als Triathlon.
f) schlimm: Warum seid ihr so traurig? Ist _____ _____ passiert?
g) lustig: ☐ Warum lachst du so? ○ Ich habe gerade _____ _____
  gehört.
h) langweilig: Ich kenne _____ _____ als Krafttraining im Fitness-
  Studio.
i) normal: Reg dich nicht auf! Das ist _____ ganz _____ .
j) wichtig: Gegen Thomas beim Schwimmen zu gewinnen ist für Peggy _____
  sehr _____ .

15. Schreiben Sie 10 Sätze über den Text auf S. 38. Verwenden Sie die Stichwörter.

Nach Übung

19

im Kursbuch

– ist   – keine sportliche Kleidung
– mag   – die vielen Freizeitsportler lächerlich
– möchte   – keine spezielle Fahrradkleidung
– besitzt   – nicht sportlich aussehen
– fährt   – nur ein billiges, einfaches Fahrrad, kein Sportfahrrad
– findet   – beim Kauf nur nach dem Preis
– hat gefragt   – Fahrrad nur zum Vergnügen, nicht um Sport zu treiben
– trägt   – völlig unsportlich
                        – gemütlich leben
                        – keinen Sport

Der Autor mag ... _____

_Er ..._ _____

Lektion 3

16. Suchen Sie passende Wörter.

a) hier : dort – innen : _____

b) Ski : fahren – Tennis : _____

c) Größe : klein – Gewicht : _____

d) ohne Motor : Fahrrad – mit Motor : _____

e) Brötchen : Bäcker – Wurst : _____

f) Mieter : Vermieter – Käufer : _____

g) Beine : Hose – Füße : _____

h) Gras : Wiese – Bäume : _____

i) Misserfolg : verlieren – Erfolg : _____

j) Frau : Rock – Mann : _____

k) Dinge : irgendetwas – Zeit : _____

l) Mensch : Beine – Fahrrad : _____

m) hören : Ohren – riechen : _____

n) vorne : Brust – hinten : _____

o) Meter : Größe – Kilogramm : _____

p) hoher Preis : teuer – niedriger Preis : _____

17. Ergänzen Sie.

a) Ich bin kein sportlicher Mensch. Ich brauche

keinen *speziellen* Fahrradhelm, sondern eine *normale* Mütze,

keine _____ Fahrradhose, sondern eine _____ Jeanshose,

kein _____ Rennrad, sondern ein _____ Stadtrad,

keine _____ Fahrradschuhe, sondern _____ Straßenschuhe.

b) Ich bin kein sportlicher Mensch.

ein *sportlicher*   eine _____   ein _____   _____
Mantel   Frisur   Fahrrad   Schuhe

ein *sportlicher*   eine _____   ein _____   _____
Anzug   Uhr   Auto   Erfolge

Alles das ist mir egal.

c) Ich bin kein sportlicher Mensch. Okay, ich besitze ein Fahrrad, aber als ich es kaufte, interessierte ich mich nicht für

den leichtest____   die modernst____   das niedrigst____   die schmalst____
Rahmen   Technik   Gewicht   Reifen

d) Ich bin kein sportlicher Mensch. Okay, ich besitze ein Fahrrad, aber als ich es kaufte, fragte ich nicht nach

dem leichtest____   der modernst____   dem niedrigst____   den schmalst____
Rahmen   Technik   Gewicht   Reifen

18. Bilden Sie Vergleichssätze.

Nach Übung

20

im Kursbuch

a) Thomas – bequem leben – bei – seine Eltern – in – eigene Wohnung
Thomas lebt bei seinen Eltern bequemer als in einer eigenen Wohnung.

b) Thomas – führen – bei – seine Eltern – ein bequemes Leben – in – eigene Wohnung
Thomas führt bei seinen Eltern ein bequemeres Leben als in einer eigenen Wohnung.

c) Peggy – wollen – in – Training – unbedingt – schnell schwimmen – Thomas

d) Peggy – wollen – in – Training – unbedingt – eine schnelle Schwimmerin – sein – Thomas

e) Peggy – sein – in – Südamerika – bekannt – in – Europa

f) Peggy – sein – in – Südamerika – bekannte Sportlerin – in – Europa

g) Peggy und Thomas – wollen – immer – gut sein – ihre Konkurrenten

h) Thomas – alt – Peggy

i) Thomas – sein – bei – Rad fahren – gut – bei – Schwimmen

j) Peggy – gewonnen haben – viele – Wettkämpfe – Thomas

19. Bilden Sie Sätze.

Nach Übung

20

im Kursbuch

a) Schwimmen/gesunde Sportart sein
Schwimmen ist die gesündeste Sportart.

Schwimmen/gesund sein
Schwimmen ist am gesündesten.

b) Peggy/gute Langstreckenschwimmerin sein

Peggy/im Langstreckenschwimmen/gut sein

c) ich/kaufen wollen/billiges Fahrrad

mein Fahrrad/billig sein

d) Thomas/harter Triathlon-Wettkampf/gewonnen haben

„Ironman"/harter Triathlon-Wettkampf sein

Lektion 3

Nach Übung

21

im Kursbuch

20. Sagen Sie es höflicher.

a) Sprechen Sie bitte etwas langsamer.
Würden Sie bitte etwas langsamer sprechen?
Könnten Sie bitte etwas langsamer sprechen?

Sprich bitte etwas langsamer.

_____

b) Haben Sie Lust, am Wochenende eine Radtour zu machen?

Hast du Lust, am Wochenende eine Radtour zu machen?

c) Fahren Sie bitte das Auto in die Garage.

Fahr bitte das Auto in die Garage.

_____

d) Darf ich bitte 10 Minuten vor Ihrer Einfahrt parken?

Darf ich bitte 10 Minuten vor deiner Einfahrt parken?

e) Seien Sie bitte etwas leiser.

_____

Sei bitte etwas leiser.

_____

Nach Übung

21

im Kursbuch

21. Was würden Sie tun? Formulieren Sie die Antworten.

a) Sie sehen auf der Straße, wie ein Mann überfallen wird. Was würden Sie tun?
(helfen)
Ich würde ihm helfen.

(mit meinem Mobiltelefon Polizei anrufen)

_____

(laut um Hilfe schreien)

_____

(weglaufen)

_____

b) Sie sind bei ihrem Chef zur Geburtstagsfeier eingeladen. Sie haben ein sehr festliches Kleid / einen sehr festlichen Anzug angezogen. Als Sie dort ankommen, sehen Sie aber, dass alle Leute sehr sportlich gekleidet sind. Was würden Sie tun?
(sofort nach Hause fahren und sich umziehen)

(auf der Feier bleiben)

(nach einer Stunde die Feier verlassen)

(sich mit Kopfschmerzen entschuldigen und nach Hause gehen)

c) Sie haben in einem Glücksspiel viel Geld gewonnen. Was würden Sie tun?
(eine Insel kaufen)

(nie wieder arbeiten)

(geizig werden)

(weiterleben wie bisher)

22. Schreiben Sie wenn-Sätze.

Nach Übung

21

im Kursbuch

a) (ich – Zeit haben)
Wenn ich viel Zeit hätte, dann ...

b) (Michael – die Medikamente nicht nehmen)
Wenn Michael die Medikamente nicht nehmen würde, dann ...

c) (ich – du sein)
Wenn ich du wäre, dann ...

d) (wir – keine Kinder haben)
Wenn ...

e) (ich – der Chef sein)

f) (Peggy – nicht jeden Tag trainieren)

g) (Olga und Viktor – besser deutsch sprechen können)

Lektion 3

h) (du – Sport treiben)

i) (ihr – frei entscheiden dürfen)

j) (ich – nachts arbeiten müssen)

Nach Übung

21

im Kursbuch

23. Ihre Grammatik. Ergänzen Sie.

	würde helfen	könnte kommen	dürfte bleiben	hätte Angst	wäre geizig
ich					
du					
Sie					
er/sie/es man					
wir					
ihr					
sie					

Kernwortschatz

Verben

abschalten 48
anstrengen 51
aufregen *THN 2,* 39
ausziehen *THN 2,* 110
benutzen *THN 2,* 42
beruhigen 48

beschäftigen 49
duschen *THN 2,* 62
entstehen *THN 2,* 81
erinnern *THN 2,* 101
hängen *THN 2,* 62
lassen 51
probieren 52

putzen 45
rasieren 45
riechen *THN 2,* 84
schmecken *THN 2,* 84
setzen *THN 2,* 65
sorgen *THN 2,* 55
sparen *THN 2,* 62
stehlen 51

steigen *THN 2,* 95
toasten 51
trennen *THN 2,* 54
verbinden 49
waschen 45
ziehen *THN 2,* 43
zusammenfließen 51
zusammenlaufen 51

Nomen

s Abendessen, - 53
e Bedeutung, -en *THN 2,* 94
s Besteck, -e 46
e Erwartung, -en 48
r Essig, -e 51
r Esslöffel, - 46
r Gang, ⁻e 47
s Gefühl, -e *THN 2,* 93
s Gericht, -e 54
s Geschirr, -e 46
r Geschmack, ⁻e(r) 51

r Heißhunger 51
r Inhalt, -e 53
e Klasse, -n *THN 2,* 22
s Kleinkind, -er 51
r Körper, - 51
s Lied, -er *THN 2,* 40
e Mahlzeit, -en 47
e Menge, -n *THN 2,* 81
s Menü, -s *THN 2,* 66
r Mittelpunkt, -e 51
r Nachteil, -e *THN 2,* 28
s Nahrungsmittel, - 48

r Pilz, -e 42
e Qualität, -en *THN 2,* 45
e Rede, -n 47
s Regal, -e *THN 2,* 114
s Salz, -e *THN 2,* 89
e Schwierigkeit, -en *THN 2,* 91
r/s Teil, -e *THN 2,* 10
s Vergnügen, - 43
r Vorteil, -e *THN 2,* 28
e Wirklichkeit, -en *THN 2,* 19

Adjektive

enttäuscht *THN 2,* 98
ernst *THN 2,* 91
fein *THN 2,* 41
möglich *THN 2,* 44

nass *THN 2,* 58
negativ *THN 2,* 30
neugierig *THN 2,* 61
offen *THN 2,* 16

positiv *THN 2,* 93
sauer *THN 2,* 128
schwach *THN 2,* 48
selten *THN 2,* 12

übrig *THN 2,* 57
unruhig *THN 2,* 43
verantwortlich 51
weich *THN 2,* 13
zuckerfrei 50

Adverbien

danach 45
dann 45
eben 51
hinten *THN 2,* 51
möglichst 49

montags *THN 2,* 56
nebenbei 49
nun *THN 2,* 34
schließlich *THN 2,* 20

übermorgen 45
vorgestern 48
zuletzt *THN 2,* 36

Funktionswörter

je ..., desto 49
ob *THN 2,* 41
sich 45
wenn ..., (dann) 49

Lektion 4

Kerngrammatik

Reflexivpronomen im Akk. und im Dat. (*THN 2*, § 10)

Ich ziehe <u>mich</u> an.
Ich ziehe <u>mir</u> die Schuhe an.

Relativpronomen und Präposition (*THN 2*, § 29)

Suppenteller: ein Teller, <u>aus dem</u> man Suppe isst
ein Teller, <u>in den</u> man die Suppe gießt

„wenn ..., (dann)", „je ..., desto" (§ 33f)

<u>Wenn</u> man zu schnell isst, (<u>dann</u>) isst man mehr, um satt zu werden.
<u>Je</u> schneller man isst, <u>desto</u> mehr isst man, um satt zu werden.

Wortbildung: Nomen + Adjektiv/Adverb (§ 4)

das Fett: fett<u>haltig</u>, fett<u>arm</u>
der Zucker: zucker<u>haltig</u>, zucker<u>frei</u>
das Vitamin: vitamin<u>reich</u>, vitamin<u>arm</u>

1. Was macht man normalerweise morgens, was abends? Ordnen Sie.

Nach Übung

2

im Kursbuch

aufstehen   aus dem Haus gehen   ausgehen   das Haus verlassen   ein Buch lesen frühstücken   ins Bett gehen   fernsehen   duschen   mit Freunden telefonieren sich die Zähne putzen   nach Hause kommen   sich anziehen   sich ausziehen sich rasieren   wach werden   zu Abend essen   zur Arbeit gehen

a) morgens   b) abends

2. Wo passen die Wörter am besten?

Nach Übung

4

im Kursbuch

Abendessen   Bruder   einschlafen   früh   Geist   genau   gleich hart   innen   kalt   Kinder   nie   lustig   kurz möglich   müde   Nacht   objektiv   offen schnell   schreiben   Traum   verschieden   zu Hause   zusammen

a) Wirklichkeit _____   j) lang _____   s) Körper _____
b) wirklich _____   k) ständig _____   t) gleich _____
c) weich _____   l) spät _____   u) Frühstück _____
d) warm _____   m) Schwester _____   v) ernst _____
e) wach _____   n) lesen _____   w) Eltern _____
f) unterwegs _____   o) langsam _____   x) außen _____
g) ungefähr _____   p) aufwachen _____   y) abgeschlossen _____
h) Tag _____   q) anders _____
i) subjektiv _____   r) allein _____

3. Ergänzen Sie die Adverbien.

Nach Übung

5

im Kursbuch

danach   zuletzt   zuerst   schließlich / zum Schluss   dann

a) _____ gehe ich ins Bad und dusche.
b) _____ ziehe ich mich an.
c) _____ frühstücke ich und lese die Morgenzeitung.
d) _____ putze ich mir die Zähne.
e) _____ räume ich noch die Küche auf.

Lektion 4

4. Ordnen Sie.

| abends sonntagnachmittags häufig montags am Mittwochvormittag gestern manchmal mittwochs oft morgen morgen Abend nachmittags am Sonntag selten nie übermorgen morgens um 7 Uhr vormittags am Nachmittag wochentags Montagabend |

a) Wann? (regelmäßiger Zeitpunkt)	b) Wann? (einmaliger Zeitpunkt)	c) Wie oft?

5. Ergänzen Sie die Reflexivpronomen. Vergleichen Sie die Formen.

a) Ich muss _____ die Hände waschen.

b) Ich habe stark geschwitzt. Ich muss _____ waschen.

c) Kämm _____ die Haare bitte!

d) Kämm _____ bitte!

e) Rudi schaut _____ gerne im Spiegel an.

f) Rudi hat _____ den Film gestern nicht angesehen.

g) Wir können _____ alleine anziehen.

h) Wir können _____ die Schuhe alleine anziehen.

i) Könnt ihr _____ alleine anziehen?

j) Könnt ihr _____ die Schuhe alleine anziehen?

k) Die Kinder können _____ alleine anziehen.

l) Die Kinder können _____ die Schuhe alleine anziehen.

6. Ihre Grammatik. Ergänzen Sie die Reflexivpronomen.

ich ziehe	du ziehst	Sie ziehen	er/sie/es zieht	wir ziehen	ihr zieht	sie ziehen
		sich				
alleine an	alleine an	alleine an	alleine an	alleine an	alleine an	alleine an
		sich				
die Schuhe alleine an	die Schuhe alleine an	die Schuhe alleine an	die Schuhe alleine an	die Schuhe alleine an	die Schuhe alleine an	die Schuhe alleine an

7. Redemittel zu Übung 6. Ordnen Sie.

Nach Übung

6

im Kursbuch

- (Das ist) eine gute/prima Idee.
- Ich kann mich noch nicht entscheiden.
- (Es) tut mir Leid, aber ...
- Au/Oh ja!
- Ich möchte schon, aber ...
- Ich kann/will nichts versprechen.
- Das geht nicht, weil ...
- Das wäre gut/prima/schön/toll/ ...
- Ich kann leider ... nicht.

- Ich muss mir das überlegen.
- Ja gern!
- Ich weiß noch nicht, ob/wann ...
- Klar!
- (Ich werde) mal sehen, ob ...
- Ich würde gerne ..., aber ...
- Mit Vergnügen!
- Ich kann noch nicht sagen, ob/wann ...
- Prima!/Fein!/Toll!/Klasse!

a) ja	b) nein	c) ja/nein
(Das ist) eine gute/prima Idee.		

8. Alltagswünsche. Ergänzen Sie die Präposition und das Relativpronomen.

Nach Übung

9

im Kursbuch

Ich wünsche mir ...

a) einen großen Kleiderschrank, _in_ _den_ ich alle meine Kleider hängen kann.

b) ein Regal, _____ _____ ich alle meine Bücher hineinstellen kann.

c) eine Wohnung, _____ _____ ich laut Musik hören darf.

d) eine Waschmaschine, _____ _____ man auch Wollpullover waschen kann.

e) einen Küchentisch, _____ _____ sechs Personen sitzen können.

f) einen Balkon, _____ _____ man genug Platz hat.

g) einen Küchenherd, _____ _____ man auch grillen kann.

h) eine Garage, _____ _____ ich mein Auto selbst reparieren kann.

i) einen Garten, _____ _____ meine Kinder spielen können.

9. Normen und Regeln. Sagen Sie es anders.

a) Halten Sie die Gabel in der linken und das Messer in der rechten Hand.
   Man hält die Gabel in der linken und das Messer in der rechten Hand.
   Die Gabel wird in der linken und das Messer in der rechten Hand gehalten.

b) Essen Sie mit geschlossenem Mund.

   Es wird _____

Lektion 4

c) Verwenden Sie zum Kuchenessen Kuchengabel oder Löffel.

d) Halten Sie das Weinglas am Stiel.

e) Stützen Sie die Ellbogen beim Essen nicht auf den Tisch.

f) Rauchen Sie nicht zwischen den Gängen.

g) Rülpsen Sie nicht.

h) Falten Sie die benutzte Serviette nicht zusammen.

i) Verlassen Sie den Esstisch nicht, bevor die anderen ihre Mahlzeit beendet haben.

Nach Übung

im Kursbuch

10. Was passt nicht?

a) Suppe – Kaffee – Milch – Mineralwasser – Tee – Saft
b) Braten – Hähnchen – Gemüse – Kotelett – Steak – Huhn
c) Käse – Joghurt – Butter – Sahne – Margarine
d) Banane – Pilze – Apfelsine/Orange – Apfel – Erdbeeren
e) Nudeln – Kohl – Tomaten – Bohnen – Gurke
f) Öl – Butter – Margarine – Essig
g) Geflügel – Rindfleisch – Fisch – Schweinefleisch – Kalbfleisch
h) gekocht – gebraten – gebacken – gegrillt – geschnitten
i) Schnaps – Likör – Limonade – Weißwein – Bier

Nach Übung

im Kursbuch

11. Ergänzen Sie.

a) vorne : hinten – rechts : _____
b) Weinglas : Stiel – Tasse : _____
c) Bier : trinken – Zigarette : _____
d) Lied : singen – Rede : _____
e) Bein : Knie – Arm : _____
f) Stadt : Teile – Menü : _____

g) Salz : salzig – Zucker : _____
h) Geschäft : kaufen – Restaurant : _____
i) essen : Speise – trinken : _____
j) Wohnung : putzen – Geschirr : _____
k) Gast : bestellen – Kellner : _____

12. Das Partizip II als Attribut. Ergänzen Sie.

Nach Übung

11

im Kursbuch

a) decken   Wir frühstücken an einem *gedeckten*_____ Tisch.
b) schließen   Essen Sie mit _____ Mund.
c) benutzen   Falten Sie die _____ Serviette nicht zusammen.
d) schneiden   Leg das _____ Brot bitte in den Brotkorb.
e) spülen   Bitte stell das _____ Geschirr in den Schrank.
f) falten   Leg bitte die _____ Serviette auf den Tisch.
g) grillen/braten   _____ Fleisch mag ich lieber als _____.
h) waschen   Kannst du bitte das _____ Gemüse schneiden?

13. Bilden Sie Sätze mit „wenn … (dann)" und „je … desto".

Nach Übung

14

im Kursbuch

a) zu schnell essen   …   mehr essen, um satt zu werden
Wenn man zu schnell isst, (dann) isst man mehr, um satt zu werden.

schnell essen   …   viel essen, um satt zu werden
Je schneller man isst, desto mehr isst man, um satt zu werden.

b) langsam essen   …   weniger essen, um satt zu werden

langsam essen   …   wenig essen, um satt zu werden

c) nervös und sensibel sein   …   häufig mehr essen als notwendig

nervös und sensibel sein   …   häufig mehr als notwendig

d) sich nicht auf das Essen konzentrieren   …   nicht merken, wie viel man isst

sich wenig auf das Essen konzentrieren   …   wenig merken, wie viel man isst

e) Fastfood essen   …   meistens zu kalorienreich essen

viel Fastfood essen   …   kalorienreich essen

Lektion 4

f) nicht zwischen den Mahlzeiten essen   ...   weniger Möglichkeiten haben, etwas zu essen

selten zwischen den Mahlzeiten essen   ...   wenig Möglichkeiten haben, etwas zu essen

g) Süßspeisen durch Obst ersetzen   ...   viele Kalorien sparen können

häufig Süßspeisen durch Obst ersetzen   ...   viele Kalorien sparen können

Nach Übung

14

im Kursbuch

14. Welche Fragen haben sehr ähnliche Bedeutungen?

1. Essen Sie oft im Stehen?

2. Fällt es Ihnen schwer, sich daran zu erinnern, was Sie gestern oder vorgestern gegessen haben?

3. Essen Sie häufig zwischen Mahlzeiten?

4. Sind Sie meist schneller mit dem Essen fertig als andere?

5. Essen Sie häufig aus der Hand?

6. Machen Sie während des Essens noch andere Dinge?

7. Ist für Sie die Qualität eines Lebensmittels wichtiger als die Quantität?

8. Sind Sie ein langsamer Esser?

9. Probieren Sie gern verschiedene Nahrungsmittel aus?

10. Mögen Sie gern süße oder fetthaltige Speisen?

11. Lassen Sie Essen stehen, wenn es Ihre Erwartungen enttäuscht?

12. Ist Essen für Sie eine Ihrer liebsten Beschäftigungen?

13. Sind Sie eine nervöse, eher sensible Person?

☐ Essen Sie auch Speisen, die Ihnen nicht schmecken?

☐ Essen Sie meistens noch, wenn die anderen schon fertig sind?

☐ Essen Sie öfters ohne Besteck?

☐ Essen Sie, um Stress und Ärger zu vergessen?

☐ Nehmen Sie sich für das Essen Zeit?

☐ Ist es Ihnen egal, was Sie essen? Hauptsache, Sie haben etwas zu essen.

☐ Können Sie Schwierigkeiten oder negative Gedanken auch mal vergessen?

☐ Können Sie sich leicht entspannen?

☐ Konzentrieren Sie sich beim Essen nur auf das Essen oder tun Sie nebenbei andere Sachen?

☐ Lieben Sie Essen?

☐ Lieben Sie zuckerhaltige und fettreiche Nahrungsmittel?

☐ Reichen Ihnen die Mahlzeiten oder essen Sie öfters etwas nebenbei?

☐ Setzen Sie sich beim Essen normalerweise hin?

14. Wenn Sie angespannt oder verärgert sind, beruhigen Sie sich mit Essen?

15. Können Sie nur schwer „nein" sagen, wenn etwas Essbares vor Ihnen steht?

16. Fällt es Ihnen schwer abzuschalten?

17. Ist Ihnen der Essvorgang wichtiger als das, was Sie essen?

18. Beschäftigen Sie sich häufig mit Problemen und negativen Gedanken?

☐ Sind Sie neugierig auf neue Speisen?

☐ Sind Sie unruhig und leicht verletzbar?

☐ Vergessen Sie leicht, was sie einen oder zwei Tage vorher gegessen haben?

☐ Was würden Sie wählen: ein gutes Essen, das aber nicht satt macht, oder ein schlechtes, das satt macht?

☐ Wenn Sie Speisen vor sich sehen, essen Sie dann meistens auch etwas?

15. Bilden Sie Wortpaare.

Nach Übung **16** im Kursbuch

verschieden	~~stehen~~	schwer	Qualität	dick	nervös	negativ	Ruhe
langsam	immer	häufig	fragen	essen	erinnern	beruhigen	

a) sitzen   stehen

b) leicht _____

c) vergessen _____

d) trinken _____

e) selten _____

f) Quantität _____

g) schnell _____

h) gleich _____

i) ruhig _____

j) positiv _____

k) aufregen _____

l) nie _____

m) antworten _____

n) schlank _____

o) Stress _____

16. Welche Eigenschaften können die Lebensmittel nicht haben?

Die Apfeltorte ist: süß – alt – roh – frisch – sauer

Das Brot ist: salzig – süß – frisch – alt – scharf – trocken

Der Schinken ist: süß – roh – gekocht – scharf – gut/schwach gewürzt – frisch – alt

Das Hähnchen ist: gegrillt – fett – gut/schwach gewürzt – sauer – salzig

Die Milch ist: frisch – alt – sauer – gebraten

17. Beschreiben Sie, wie man Kartoffelgratin macht.

Nach Übung **17** im Kursbuch

Die moderne Schnellküche mit *Knorr Kartoffelgratin*

a) brauchen / 400 g Kartoffeln / 3 Esslöffel süße Sahne / 50 g geriebener Käse / 1 Beutel Knorr Kartoffelgratin
   Für das Kartoffelgratin braucht man ...

b) Kartoffeln / roh / waschen / schneiden / in Scheiben
   Zuerst ...

c) Inhalt des Beutels / 350 ml / Topf / einrühren / Kartoffelscheiben / dazugeben

d) kochen / alles / 3 Minuten / bei schwacher Hitze

Lektion 4

e) alles / flache feuerfeste Schüssel / geben / geriebener Käse / darüber streuen

f) Schüssel / 30-40 Minuten / Backofen / schieben / 200 Grad / backen

Nach Übung

17

im Kursbuch

18. Bilden Sie Adjektive mit „-arm", „-frei", „-los", „-reich", die zu den Sätzen passen.

zucker schlaf		arm
kalorien geschmack	**+**	reich
appetit alkohol		los
abwechslungs arbeits		frei

a) Seit Tagen bin ich nachts stundenlang wach. _____

b) Ich muss morgen nicht ins Büro. _____

c) Johanna mag nichts essen. _____

d) Die Bananen sind sehr süß. _____

e) Süßspeisen machen dick. _____

f) Dieses Bier macht nicht betrunken. _____

g) Ich wurde gekündigt und suche deshalb eine Stelle. _____

h) Die Kleidung, die er trägt, ist schrecklich. _____

i) Diese Woche bin ich jeden Tag 12 Stunden im Büro. _____

j) Lisa kochte jede Woche die gleichen Gerichte. _____

k) Thomas kocht sehr originell und jeden Tag etwas anderes. _____

l) Dieses Essen ist sehr leicht. _____

m) Dieser Ketschup ist nicht sehr süß. _____

n) Nur wenn man sehr viel von diesem Bier trinkt,
   wird man betrunken. _____

Nach Übung

18

im Kursbuch

19. Pronomen verbinden Sätze zu Texten. Ergänzen Sie die Pronomen.

Der ideale Hamburger schmeckt. _____ schmeckt so gut, dass kaum ein Kind _____ stehen lassen kann. Viele Jugendliche und nicht wenige Erwachsene bekommen Heißhunger, wenn sie an einem Hamburger-Restaurant vorbeikommen und _____ riechen. Man kann _____ einfach aus der Hand essen, weil _____ nicht heiß, sondern lauwarm serviert wird.

Die Teile eines Hamburgers bilden ein System. Alleine schmecken _____ nicht. Man nehme das Brötchen. Alleine ist_____ nur trocken. Isst man die Soße getrennt von den übrigen Zutaten, schmeckt _____ nur süß-sauer. Auch die Gurkenscheibe schmeckt alleine nicht, _____ ist einfach nur sauer. Sogar das Fleisch ist getrennt von den anderen Teilen kein Genuss, _____ hat keinen besonders intensiven Geschmack.

20. Suchen Sie Wörter, die nicht in den Text passen. Ergänzen Sie die richtigen.

Nach Übung

18

im Kursbuch

erst	Zutaten	gut	Essig	gemeinsam	jeder	Essen	regelmäßig	Fett	weich
~~Lebensmittel~~	Erwachsenen	Gurke	heiß	Besteck	wegen	Wasser	Vorteil		
trocken	toasten	steigen	Brötchen	hören	laufen	viele	stehen	satt	
populär	Nase	milder	Kleinkinder	mehr	Fleisch	beißen	Soße		

Warum sind Hamburger eigentlich so beliebt, Herr Pollmer?

Lebensmittel

Fachautor und ~~Getränke~~chemiker Udo Pollmer beschreibt das Design der unbekannten Fleischbällchen im harten Brötchen.

Der ideale Hamburger schmeckt. Er schmeckt so schlecht, dass kein Kind von ihm lassen möchte. Bei allen Jugendlichen und nicht wenigen Kindern kommt selten der Heißhunger, wenn sie an einem Hamburger-Restaurant vorbeikommen. Am liebsten halten sie ihn dann in den Händen, dürfen wie Erwachsene ohne Messer und Gabel essen. Für die Restaurants ein Nachteil: Sie müssen nicht befürchten, dass jemand ihr Geschirr stiehlt. Zunächst schneidet man in etwas Weiches, fast Körperwarmes. Denn der Hamburger wird nicht kalt wie ein Mittagessen serviert, sondern warm wie Muttermilch. Das Brot ist hart wie Babykost. Beim Trinken soll der Esser sich möglichst wenig anstrengen. Das Gemüse hat keinen besonders intensiven Geschmack. Um so wichtiger ist das Öl. Je mehr Fett, desto besser für das Mundgefühl. Was ich eben beschrieb, heißt „Food"-Design. In dessen Mittelpunkt liegt beim Hamburger die Gurkenscheibe. Der Kunde soll sie sehen, wenn er in den Hamburger beißt. Für das richtige Ess-Gefühl sorgen außerdem Salz und Pfeffer. Fehlt noch eine passende Suppe: Der Genuss sinkt mit dem richtigen Ketschup. Süß muss er sein und etwas sauer. Aber er sollte nicht ins Brötchen gehen. Deshalb wird das Brötchen ein wenig gegrillt. Außerdem steigt dem Esser dadurch ein starker Bratgeruch in die Ohren.

Wozu das Ganze? Damit uns das Bier im Mund zusammenläuft. Das Wasser im Mund ist für das Gefühl verantwortlich, noch nicht hungrig geworden zu sein. Das hat nichts mit dem Weißmehlbrötchen zu tun. Satt fühlt man sich schon, wenn das zusätzliche Wasser im Mund – der Speichel – verschwunden ist.

Dieses Prinzip kann niemand nachprüfen: Man nehme das Brötchen eines Hamburgers und esse es ohne die anderen Teile. Es ist zu nass zum Essen. Nun zur Soße: Isst man sie getrennt von den übrigen Zutaten, schmeckt sie nicht nur total süß, sondern es entsteht trotz ihrer Säure jede Menge Speichel. Erst getrennt bilden die Zutaten ein funktionierendes System: Das Brötchen zieht Speichel aus dem Mund, kurz darauf lassen Soße und Tomate neues Wasser im Munde zusammenfließen. Beim Konsumenten entsteht der intensive Wunsch, weniger zu essen.

Lektion 5

Kernwortschatz

Verben

abnehmen *THN 2,* 60

ärgern *THN 2,* 17

auswählen 61

beachten 64

beschließen *THN 2,* 101

betreuen *THN 2,* 112

bewegen *THN 2,* 34

bitten *THN 2,* 40

einstellen *THN 2,* 51

entwickeln *THN 2,* 82

erhalten *THN 2,* 27

erstellen *THN 2,* 104

interessieren *THN 2,* 20

kämpfen *THN 2,* 29

klappen 58

kümmern 62

leiten 58

organisieren *THN 2,* 119

passen 61

pflegen *THN 2,* 54

produzieren *THN 2,* 81

schlagen *THN 2,* 67

sorgen *THN 2,* 55

treffen 58

überzeugen *THN 2,* 89

verbessern 58

verlangen *THN 2,* 123

versuchen *THN 2,* 50

vorbereiten *THN 2,* 54

vorstellen *THN 2,* 9

weinen *THN 2,* 43

wiegen *THN 2,* 86

Nomen

s Abitur *THN 2,* 26

e Abteilung, -en *THN 2,* 53

e Angst, ¨e 54

s Arbeitsklima, -s 60

e Art, -en *THN 2,* 91

r Auftrag, ¨e *THN 2,* 51

e Ausbildung, -en *THN 2,* 21

r Ausdruck, ¨e 61

r Betrieb, -e *THN 2,* 31

e Bewerbung, -en *THN 2,* 29

e Bezahlung 60

s Blut *THN 2,* 126

r Eingang, ¨e *THN 2,* 44

e Einkaufstasche, -n *THN 2,* 82

e Erfindung, -en 59

r Erfolg, -e *THN 2,* 54

e Erlaubnis, -se *THN 2,* 27

e Fremdsprache, -n *THN 2,* 91

r Führerschein, -e 60

s Gehalt, ¨er *THN 2,* 31

s Gerät, -e *THN 2,* 57

s Geschäft, -e *THN 2,* 54

s Haar, -e *THN 2,* 13

r Herbst, -e *THN 2,* 73

r Kaufmann, -leute 56

r Kollege, -n *THN 2,* 12

e Kopfschmerzen (Plural) 66

e Kopie, -n 60

e Lebensgeschichte, -n *THN 2,* 128

e Lehre, -n *THN 2,* 21

s Material, -ien *THN 2,* 38

r Mitarbeiter, - 58

s Mitglied, -er *THN 2,* 102

r Motor, -en *THN 2,* 47

e Nachricht, -en *THN 2,* 35

e Organisation, -en 60

r Patient, -en 55

e Produktion, -en 58

r Pullover, - *THN 2,* 86

e Qualität, -en *THN 2,* 45

e Reparatur, -en *THN 2,* 47

e Reservierung, -en *THN 2,* 93

e Rolle, -n *THN 2,* 124

r Schlüssel, - *THN 2,* 86

r Schüler, - 58

r See, -n *THN 2,* 78

e Stelle, -n *THN 2,* 17

e Stimmung, -en *THN 2,* 106

e Tätigkeit, -en *THN 2,* 119

s Team, -s *THN 2,* 31

r Teich, -e 62

e Untersuchung, -en *THN 2,* 63

e Werbung *THN 2,* 36

r Zeitpunkt, -e 60

s Zeugnis, -se *THN 2,* 21

e Zukunft *THN 2,* 24

r Zweck, -e *THN 2,* 88

Adjektive

deutlich *THN 2,* 20

freundlich 60

höflich *THN 2,* 61

jung *THN 2,* 8

notwendig *THN 2,* 34

öffentlich *THN 2,* 44

persönlich *THN 2,* 40

praktisch 56

Adverbien

ausgezeichnet	*THN 2*, 31	tatsächlich *THN 2*, 46
eventuell 65		wahrscheinlich *THN 2*, 46
normalerweise	*THN 2*, 88	

Funktionswörter

obwohl 56
trotzdem 56

Redemittel

Szenario: „jemanden um Rat bitten / jemandem einen Rat geben"

Kann ich Ihnen helfen? 57

Ja, bitte, ich ... 57

Was haben Sie für Vorstellungen? 57

Ich würde gern ... 57

Wie wichtig ist Ihnen das? 57

Das ist schon wichtig. 57

Es kommt darauf an, ob ... 57

Am wichtigsten ist mir ... 57

Die Hauptsache ist, dass ... 57

Was können Sie mir empfehlen? 57

Was würden Sie mir raten? 57

Darf ich etwas vorschlagen? 57

Ich würde vorschlagen, dass ... 57

Machen Sie doch ... 57

Davon kann man nur abraten. 57

Es ist besser, wenn ... 57

Ich rate Ihnen ... 57

Kerngrammatik

„obwohl" und „trotzdem" (§ 33d)

<u>Obwohl</u> sich die meisten Jungen für einen Kfz-Beruf interessieren, lernen nur 7,7% diesen Beruf.

Die meisten Jungen interessieren sich für einen Kfz-Beruf. <u>Trotzdem</u> lernen nur 7,7% diesen Beruf.

„lassen" (§ 29)

Auftrag:	Ich <u>lasse</u> meine Wohnung <u>putzen</u>.
	= Jemand <u>putzt für mich</u> die Wohnung. Ich tue es nicht selbst.
Erlaubnis:	Wir <u>lassen</u> alle Mitarbeiter demokratisch <u>entscheiden</u>.
	= Alle Mitarbeiter <u>dürfen</u> demokratisch <u>entscheiden</u>.
Möglichkeit:	Die Einzelteile <u>lassen sich</u> auch als Umzugskisten <u>verwenden</u>.
	= Man <u>kann</u> die Einzelteile auch als Umzugskisten <u>verwenden</u>.

Konjunktiv II der Vergangenheit (§ 26, § 27c)

Irreale Bedingungssätze:

Wenn seine Tochter nicht in den Teich *gefallen wäre*, *hätte* Herr Markewitz die Schwimmflügel nicht *erfunden*.

Lektion 5

Nach Übung

2

im Kursbuch

1. Schreiben Sie.

a) Informationselektroniker/-in
defekte Kopierer, Faxgeräte, Drucker reparieren – normalerweise zu
den Kunden fahren – dort Reparaturen machen – manchmal das
Gerät mit in die Werkstatt nehmen – dort alles auseinander bauen –
die Betriebsprogramme und die mechanische Technik beherrschen müssen
Ich bin Informationselektronikerin. Ich repariere ...

b) Touristikmanager/-in
für Marketing- und Managementaufgaben zuständig – in einer Tourismuszentrale arbeiten
– vor allem Angebote planen und kalkulieren – sich um die Internetseiten kümmern

c) Pharmareferent/-in
im Außendienst arbeiten – Ärzte regelmäßig in ihren Praxen besuchen – neue Medikamente
vorstellen – mit Ärzten über ihre Erfahrungen sprechen – Fachtagungen organisieren

Nach Übung

4

im Kursbuch

2. Bilden Sie Sätze mit „obwohl" und „trotzdem". Beachten Sie die Unterschiede.

a) 23% der Jungen interessieren sich für einen Kfz-Beruf. – Nur 7,7% lernen Kfz-
Mechaniker.
Obwohl sich 23% der Jungen für einen Kfz-Beruf interessieren, lernen nur 7,7% Kfz-
Mechaniker. 23% der Jungen interessieren sich für einen Kfz-Beruf. Trotzdem lernen nur
7,7% Kfz-Mechaniker.

b) 23% wünschen sich einen Medienberuf. – Die meisten können sich diesen Traum nicht
erfüllen.

c) Auch Mädchen können technische Berufe lernen. – Nur wenige tun das.

d) Friseurinnen verdienen nicht viel. – Viele Mädchen wählen diesen Beruf.

e) Ich kann kein Englisch sprechen. – Ich möchte Reisekaufmann werden.

3. Ergänzen Sie.

Nach Übung

4

im Kursbuch

a) Auto : Mechaniker – Haare : _____
b) praktischer Beruf : Lehre machen – akademischer Beruf : _____
c) Mann : Frau – Junge : _____
d) Kfz-Mechaniker : Werkstatt – Arzt : _____
e) kommen : gehen – einkaufen : _____
f) wenige : viele – Minderheit : _____
g) Ort : Treffpunkt – Zeit : _____
h) Text : korrigieren – Motor : _____
i) 25% : Viertel – 50% : _____
j) fragen : antworten – um Rat bitten : _____
k) Sprache : lernen – Informatik : _____

4. Was tut man in diesen Berufen? Ordnen Sie zu und schreiben Sie kurze Texte.

Nach Übung

4

im Kursbuch

a) Arzthelfer/-in

betreuen ──────────┐   Verwaltungsarbeiten
helfen   einfache Untersuchungen
wiegen und messen   └─ die Patienten
bereiten ... vor   medizinische Instrumente und Geräte
nehmen ... ab   Laborarbeiten
bedienen und pflegen   die Patienten
machen   den Praxisablauf
organisieren   Blut für Laboruntersuchungen
erledigen   bei Untersuchungen und Behandlungen

Arzthelfer/-innen betreuen ...

b) Hotelfachmann/-frau

planen und organisieren ──┐   Angebote
entgegennehmen   die Arbeitszeiten des Servicepersonals
machen   └─ die Arbeiten im Hotel
empfangen   die Hotelzimmer und den Service
kalkulieren und schreiben   Reservierungspläne
helfen   Gäste
kontrollieren   bei Marketingaktionen
planen   Reservierungen von Gästen und
   Reisebüros

Hotelfachleute planen und organisieren ...

Lektion 5

5. Ergänzen Sie die Antworten von Anja.

> Englisch und Französisch. Also Fremdsprachen habe ich immer gerne gemacht.
> Deshalb könnte ich mir auch gut etwas in diesem Bereich vorstellen.
> Na ja, Studium, wie gesagt, das wollte ich eigentlich nicht machen. Aber ich muss mir
> das alles sowieso erst mal genau überlegen …
> Nein, ich möchte einen praktischen Beruf. Wie sieht es denn bei den Computerberufen
> aus?
> Studium? Nein, eher nicht. Nein, ich möchte schon lieber eine praktische
> Berufsausbildung machen. Vielleicht auch etwas mit Computern.
> ~~Guten Morgen.~~
> Na ja, so konkret weiß ich das eigentlich nicht. Da verändert sich ja auch die ganze
> Zeit so viel …
> Also, ich habe Abitur gemacht.
> Im Herbst möchte ich gerne eine Ausbildung beginnen, aber ich weiß noch nicht, was
> ich machen soll.

Berufsberater: Guten Morgen, Frau Kaufmann.
Anja K.: _Guten Morgen._ _____
Berufsberater: Nehmen Sie doch bitte Platz! Was kann ich für Sie tun?
Anja K.: _____
Berufsberater: Also einen Ausbildungsplatz suchen Sie. Was haben Sie denn bisher
gemacht?
Anja K.: _____
Berufsberater: Und wie waren Sie in der Schule? Was waren Ihre Lieblingsfächer?
Anja K.: _____
Berufsberater: Haben Sie denn vielleicht mal an ein Fremdsprachenstudium gedacht?
Anja K.: _____
Berufsberater: Warum mit Computern? Ihre Schulnoten in Englisch und Französisch
sind doch sehr gut. Sie könnten eine Ausbildung als
Fremdsprachenkorrespondentin machen oder eine Dolmetscherschule
besuchen.
Anja K.: _____
Berufsberater: Das kann man so allgemein nicht sagen. An was für eine Tätigkeit im
Computerbereich hätten Sie denn da gedacht?
Anja K.: _____
Berufsberater: Ja, sicher, natürlich bewegt sich in diesem Bereich sehr viel. Sie könnten
eine Ausbildung zur Informatikassistentin machen. Die dauert zwei bis
drei Jahre. Aber warum studieren Sie nicht Informatik? Die Jobchancen
wären dann deutlich besser.
Anja K.: _____
Berufsberater: Ja, natürlich. Ich gebe Ihnen zwei Informationsblätter mit, über
Fremdsprachenberufe und über Informatikberufe. Wenn Sie weitere
Informationen brauchen, können Sie natürlich auch gerne hier anrufen.
Auf jeden Fall möchte ich Ihnen empfehlen, noch einmal bei uns
vorbeizukommen, wenn Ihre Pläne etwas konkreter geworden sind.

6. Was können Sie auch sagen?

Nach Übung

7

im Kursbuch

Ich schlage Ihnen vor	Können Sie mir einen Rat geben?
Was kann ich für Sie tun?	Welchen Wunsch haben Sie?
Haben Sie an etwas Bestimmtes gedacht?	Was halten Sie von …?
Womit kann ich Ihnen helfen?	Was würden Sie mir raten?
Ich empfehle Ihnen	Haben Sie eine bestimmte Idee?
Was denken Sie über …?	Ich gebe Ihnen den Rat
Kann ich etwas für Sie tun?	Was könnte ich tun?

a) Kann ich Ihnen helfen?

b) Was haben Sie für Vorstellungen?

c) Was können Sie mir empfehlen?

d) Ich rate Ihnen, … zu werden

, … zu werden.

, … zu werden.

, … zu werden.

e) Wie finden Sie …?

7. Wo passen die Wörter am besten?

Nach Übung

8

im Kursbuch

wirklich	herstellen	verschlechtern	Verkauf	finden	gelingen	Mitglied
Unternehmen	Lösung	Mitarbeiter	Stuhl	Student	Anfang	Pech	öffentlich

a) Glück _____

b) Sessel _____

c) Einkauf _____

d) privat _____

e) tatsächlich _____

f) verbessern _____

g) Firma _____

h) Teilnehmer _____

i) Kollege _____

j) klappen _____

k) suchen _____

l) produzieren _____

m) Ende _____

n) Lehrling _____

o) Problem _____

Lektion 5

8. Wer macht was in einer Firma?

Unternehmensfinanzen kontrollieren ~~Firma nach außen repräsentieren~~

Verkaufsaktionen planen und organisieren Unternehmensstrategien entwickeln

Verkauf organisieren Prospekte gestalten

Produkte herstellen Waren versenden

mit Kunden kommunizieren

die Zusammenarbeit der Abteilungen kontrollieren und organisieren

Bestellungen/Aufträge/Anfragen bearbeiten die Entwicklung des Unternehmens planen

Material und Geräte für die Produktion bestellen Lieferanten auswählen

Werbung planen und Werbeaktionen realisieren Lager verwalten und organisieren

Eingangs- und Ausgangsrechnungen verwalten Geschäftsbilanzen erstellen

Produktherstellung organisieren und kontrollieren

a) Die Geschäftsführung …
   repräsentiert die Firma nach außen;
   _____
   _____

b) Die Abteilung Einkauf …
   _____
   _____
   _____

c) Der Vertrieb …
   _____
   _____
   _____

d) Die Abteilung Marketing …
   _____
   _____
   _____

e) Das Lager/die Auslieferung …
   _____
   _____
   _____

f) Die Buchhaltung ...

_____

_____

_____

_____

g) Die Produktion ...

_____

_____

_____

_____

9. „Selbst machen" oder „machen lassen"? Bilden Sie Sätze.

Nach Übung

10

im Kursbuch

a) meine Wohnung putzen
    Ich putze meine Wohnung selbst.   *Ich lasse meine Wohnung putzen.*

b) meine Wäsche waschen

    _____

c) das Geschirr abwaschen

    _____

d) meine Küche aufräumen

    _____

e) meine Wäsche bügeln

    _____

f) kochen

    _____

10. Sagen Sie es anders.

In der Juniorfirma

a) dürfen die Jugendlichen die Firma selbst leiten.
    lässt man die Jugendlichen die Firma selbst leiten.

b) darf ich eigene Produktideen entwickeln.

Nach Übung

10

im Kursbuch

c) dürfen wir die Kalkulationen selbst machen.

d) dürfen Maria und Rolf selbst Verkaufsaktionen planen.

e) dürfen wir selbst Geräte und Material einkaufen.

f) dürfen die Jugendlichen die Produktion selbst organisieren.

Nach Übung

11

im Kursbuch

11. Zu welchen Ausdrücken passen die Wörter (aus dem Text S. 60)?

qualifiziert erfahren betriebseigen Führerschein teamfähig Abschlusszeugnis
Zukunft Bewerbung Kenntnisse Hausmeister Reinigungsarbeiten erforderlich
Arbeitsplatz Bezahlung der nächstmögliche Zeitpunkt Kopie freundlich
Arbeitsklima Lebenslauf Team Mitarbeiter Gast Ausrüstung Aktivitäten

a) gehört zum Betrieb _____

b) der früheste Termin _____

c) hat schon mehrere Jahre im Beruf gearbeitet _____

d) Zeugnis am Ende der Ausbildung _____

e) nicht das Original _____

f) Lebensgeschichte _____

g) Mannschaft _____

h) Angestellter eines Betriebs _____

i) gut mit anderen Menschen zusammenarbeiten
können _____

j) die Person, die man eingeladen hat _____

k) Zeit, die noch nicht da ist _____

l) sich vorstellen, um (z. B.) eine Stelle zu bekommen _____

m) Erlaubnis, ein Auto zu fahren _____

n) die Person, die sich um ein Wohnhaus kümmert _____

o) das Wissen, wie man etwas macht/tut _____

p) notwendig _____

q) Putzarbeiten _____

r) gut ausgebildet _____

s) Geräte, die man für einen bestimmten Zweck braucht _____

t) Tätigkeit _____

u) nett und höflich _____

v) die Stimmung am Arbeitsplatz _____

w) Gehalt _____

x) Stelle _____

12. Ordnen Sie die Sätze zu einem Text. (Es gibt verschiedene Lösungen.)

Nach Übung

15

im Kursbuch

- Wir sorgen auch für Geschirr, Stühle, Tische, Partyzelte, Grillgeräte, Dekorationen und sogar Service-personal.
- Wir sind Spezialisten für Feste aller Art, für kleine und große.
- Wir erfüllen Ihre Wünsche.
- Wenn Sie wollen, kochen wir nicht nur für Sie.
- Rufen Sie uns einfach an, Tel. (0441) 66 73 98, oder informieren Sie sich auf unseren Seiten über unsere Angebote.
- Probieren Sie es einmal aus!
- Ob kaltes oder warmes Essen, einfach oder luxuriös.
- Lassen Sie sich von uns individuell und persönlich beraten.
- ~~Ein tolles Fest verlangt eine tolle Organisation.~~
- Denn Feste organisieren muss man können.
- Das kann nicht jeder.
- Damit Ihr Fest ein Erfolg wird, bieten wir Ihnen unseren Partyservice.

wir planen – SIE FEIERN
PARTYSERVICE

KLINGER

... und Ihr Fest wird ein Erfolg

Ein tolles Fest verlangt eine tolle Organisation. ...

13. Beschreiben Sie die zwei Personen.

Nach Übung

19

im Kursbuch

Martin Norz
35 Jahre alt aus Oberammergau in Oberbayern – der Ort, in dem die weltbekannten Passionsspiele alle 10 Jahre stattfinden – Glück haben – schon zum zweiten Mal die Rolle des Jesus spielen – im wirklichen Leben im Bauamt der Gemeinde angestellt – sich um Dinge wie Baurecht und Straßenverkehrsrecht kümmern

Martin Norz ...

Hans Draga
seit fast 40 Jahren Pferdepfleger – sich um die Pferde von wohlhabenden Münchener Bürgern kümmern – den Stall sauber machen – die Tiere füttern, pflegen und reitfertig machen – Arbeitstag beginnt um 7 Uhr – Arbeit sehr anstrengend – kann arbeiten, wie er will

Hans Draga ...

Lektion 5

14. Ergänzen Sie.

a) Schauspiel : Schauspieler – Konzert : _____

b) 12 Uhr : Mittag – 24 Uhr : _____

c) Sport : Mannschaft – Konzert : _____

d) heute : Auto – früher : _____

e) schlecht : Pech – gut : _____

f) alt : Erwachsener – jung : _____

g) funktionieren : gesund – kaputt sein : _____

h) Kino : Film – Radio : _____

i) Menschen : Wohnung – Tiere : _____

j) 2003, 2004, 2005, … : jedes Jahr – 2003, 2013, 2023, … : _____

k) Sänger : singen – Schauspieler : _____

l) Frau : Mädchen – Mann : _____

m) schlecht : hassen – gut : _____

n) Mann : Bruder – Frau : _____

o) groß : See – klein : _____

p) heiß : Topf – kalt : _____

q) lernen : Schüler – erklären : _____

15. Ergänzen Sie die Verben.

stehen erhalten   vergessen   wissen   beginnen   treffen   schicken erkennen   versuchen   spielen   liegen   verlieren   finden tragen   vorstellen   überzeugen   sich kümmern   beschließen

a) _____ : (Rudi) im Bett ~ / (die Hose) im Schrank ~ / (das Haus) in der Altstadt ~ / (die Stadt) an einem Fluss ~

b) _____ : ~ um den Garten ~ / ~ um ihr Geschäft ~ / ~ um die Kunden ~ / ~ um den Einkauf ~

c) _____ : ganz vorne links ~ / (das Auto) in der Garage ~ / (das Telefon) auf dem Tisch ~ / (die Nachricht) in der Zeitung ~ / (der Pullover) dir gut ~

d) _____ : eine Brille ~ / gerne Jeans ~ / die schwere Einkaufstasche ~ / einen Ring ~

e) _____ : ~, ihm die Rolle zu geben / ~, dass wir nach Hause gehen / ~, Schauspieler zu werden

f) _____ : meinem Freund meine Kollegin ~ / sich nicht ~ können, dass die Geschichte wahr ist / sich ihn als Sänger ~ / sich den Urlaub anders ~

g) _____ : (Bernd) auf der Straße ~ / sich am Eingang ~ / (der Ball) ihn am Kopf ~

h) _____ : Schach ~ / ausgezeichnet ~ / Theater ~ / Klavier ~

i) _____ : (Jörg) von meiner Erfindung ~ / den Chef völlig ~ / ihn ~, mit uns ins Kino zu gehen

j) _____ : ~, ihn anzurufen / ~, das Gerät zu reparieren / den Kuchen ~

k) _____ : die Adresse ~ / ~, das Handy mitzunehmen / den Termin ~

l) _____ : ein Fax ~, ein Paket ~ / eine E-Mail ~

m) _____ : (die Veranstaltung) um 20 Uhr ~ / (ich) mit der Arbeit um 9 Uhr ~ / ~ zu weinen / das Gespräch ~

n) _____ : Unterricht ~ / Besuch ~ / kein Geld ~ / ein Schreiben ~

o) _____ : eine Person nicht ~ / nicht ~ können, was das ist / einen Fehler ~

p) _____ : den Weg ~ / ein Mittel gegen Kopfschmerzen ~ / nicht ~, was passiert ist / etwas über eine Person ~

q) _____ : den Film ganz toll ~ / keinen Parkplatz ~ / eine Lösung ~ / ~, dass wir uns treffen sollten

r) _____ : den Schlüssel ~ / ein Spiel ~ / Geld ~ / die Haare ~

16. „Was wäre gewesen, wenn …". Bilden Sie Sätze.

Nach Übung

21

im Kursbuch

a) seine Tochter: nicht in den Teich fallen – Herr Markewitz die Schwimmflügel nicht erfinden
Wenn seine Tochter nicht in den Teich gefallen wäre, hätte Herr Markewitz die Schwimmflügel nicht erfunden.

b) wir: die Verkaufsaktion nicht machen – weniger Erfolg haben

c) ich: in der Juniorfirma nicht arbeiten – wichtige Dinge nicht lernen

d) unsere Firma: besseres Material bekommen – die Produkte eine höhere Qualität haben

e) wir: in der Firma weniger diskutieren – zu Entscheidungen kommen

f) Herr Draga: mehr Geld haben – ein gesundes Pferd kaufen

g) Herr Norz: nicht in Oberammergau geboren sein – nicht an den Passionsspielen teilnehmen dürfen

h) ein Lehrer: das Talent von Frau Mährle nicht erkennen – nicht Paukistin werden

17. Ergänzen Sie.

Nach Übung

21

im Kursbuch

a) Familie : Angehörige – Betrieb : _____
b) ja : nein – Erlaubnis : _____
c) Meter : Raum – Minute : _____
d) Hausbau : Arbeit – Fußball : _____
e) Spiel : Regeln – Staat : _____
f) Anfang : einstellen – Ende : _____

Lektion 5

18. Wahrscheinlichkeit. Ordnen Sie die Ausdrücke.

ziemlich sicher   wohl nicht   wahrscheinlich nicht   vielleicht   sicher nicht
sehr wahrscheinlich   möglicherweise   höchstwahrscheinlich   kaum   ganz sicher
ganz bestimmt nicht ganz bestimmt   eventuell   auf keinen Fall   ~~auf jeden Fall~~

Wenn ich nicht studiert hätte, wäre ich

0% _____ **100%**

a) auf keinen Fall___   c) _____   e) _____

    _____   _____   _____

    _____   _____   _____

b) _____   d) _____

    _____   _____

    _____   _____

Musiker geworden.

19. In jedem Satz ist ein Verb falsch. Welches? Finden Sie das richtige.

drohen   erlauben   verhandeln   aufhören   beachten   kündigen   benutzen
entscheiden   vermuten   erledigen

a) _____ Die Chefin hat Computerspiele auf den PCs wieder verboten. Jetzt dürfen die Mitarbeiter wieder spielen.

b) _____ Ich werde gleich mit der Arbeit anfangen. Ich habe keine Lust mehr weiterzuarbeiten.

c) _____ Schön, dass Sie die Arbeit schon begonnen haben. Dann haben Sie ja Zeit, mir zu helfen.

d) _____ 50 Mitarbeiter wurden geärgert. Sie sind seit vier Wochen arbeitslos.

e) _____ Ich habe das Gerät nie bekommen. Ich weiß nicht, wie man es bedient.

f) _____ Ich weiß, dass die Festplatte des PC kaputt ist. Es könnte aber auch ein anderer Defekt sein.

g) _____ Du musst die Gebrauchsanweisung genau erklären. Nur dann funktioniert das Gerät.

h) _____ Der Richter hat gegen die Firma gekämpft. Sie durfte dem Mitarbeiter nicht kündigen.

i) _____ Seine Chefin hat versprochen, Jens zu kündigen. Seitdem hat er Angst, seine Stelle zu verlieren.

j) _____ Wir haben mehrere Monate gespielt. Trotzdem konnten wir uns nicht einigen.

Kernwortschatz

Verben

anbieten *THN 2*, 29
anmelden *THN 2*, 54
erinnern *THN 2*, 101
erwarten *THN 2*, 126
freuen 72
interessieren 73

mitgehen *THN 2*, 71
mitkommen 71
reservieren *THN 2*, 85
setzen *THN 2*, 65
trennen *THN 2*, 54
verbringen *THN 2*, 66

verlangen *THN 2*, 123
verlieben *THN 2*, 42
weggehen *THN 2*, 65
weglaufen 68

Nomen

s Alter, - *THN 2*, 16
e Anmeldung, -en 76
r Ausflug, ⸚e *THN 2*, 76
e Bedingung, -en *THN 2*, 112
r Druck 71
r Ehemann, ⸚er *THN 2*, 11
s Ereignis, -se *THN 2*, 99
r Erfolg, -e *THN 2*, 54
s Ergebnis, -se *THN 2*, 16
e Erlaubnis, -se *THN 2*, 27
r/e Erwachsene, -n 68
s Gegenteil, -e *THN 2*, 120
e Geschwister (Plural) 69
s Gewitter, - *THN 2*, 75

e Gitarre, -n *THN 2*, 86
e Großeltern (Plural) *THN 2*, 67
e Großmutter, ⸚ *THN 2*, 59
e Heimat, -en *THN 2*, 91
r Humor *THN 2*, 61
r Job, -s *THN 2*, 17
e Klasse, -n *THN 2*, 22
s Klassenzimmer, - 69
e Lehre, -n *THN 2*, 21
r Lehrer, - 70
e Mahlzeit, -en 75
e Mathematik *THN 2*, 27

r Mitschüler, - 72
e Musikgruppe, -n *THN 2*, 44
r Mut *THN 2*, 13
e Note, -n *THN 2*, 21
e Rolle, -n *THN 2*, 124
r Schüler, - 69
r Schultag, -e 68
e Schultüte, -n 69
r Sprachkurs, -e *THN 2*, 90
r Teilnehmer, - 73
e Vergangenheit 68
s Zeugnis, -se *THN 2*, 21
s Ziel, -e *THN 2*, 101
r Zoo, -s *THN 2*, 110

Adjektive

ängstlich 79
arbeitslos *THN 2*, 17
ärgerlich *THN 2*, 66
einsam *THN 2*, 118
fröhlich *THN 2*, 125
hübsch *THN 2*, 7
humorlos 70
jung *THN 2*, 8
klug *THN 2*, 12
kompliziert *THN 2*, 53
laut 75
männlich 73
nass *THN 2*, 58
ordentlich *THN 2*, 84

sauer *THN 2*, 128
schmutzig *THN 2*, 24
spannend 68
sportlich *THN 2*, 11
stolz *THN 2*, 117
traurig *THN 2*, 7
unfreundlich *THN 2*, 60
uninteressant *THN 2*, 39
unmodern 70
unsympathisch *THN 2*, 8
weiblich 73
weich *THN 2*, 13
zufällig 81

Adverbien

anfangs *THN 2*, 104
damals *THN 2*, 70
nun *THN 2*, 34
tatsächlich *THN 2*, 46

Funktionswörter

als 68
nachdem 68
wann? 72
was? 73
wenn 68
wer? 72
wie? 72
wo? 72

Lektion 6

Redemittel

Mündliche Prüfung Teil 2: über ein Bild / eine Tabelle/Grafik sprechen

Die Frau auf dem Bild ist bestimmt ... 70

Stimmt. 70

Der Lehrer ... wirkt ... 70

Das finde ich nicht, er sieht eher ... aus. 70

Die Lehrerin ... macht bestimmt einen ...
Unterricht. 70

Genau. Das glaube ich auch.

Die Tabelle zeigt, dass/wie / wie viele ... 74

In der Tabelle sind ... zusammengestellt. 74

Bei dieser Tabelle geht es um ... 74

Man sieht, dass ... 74

Ich hätte nicht erwartet, dass ... 74

Ich finde es ziemlich überraschend, dass ...
74

Vielleicht liegt es daran, dass ... 74

Ein Grund dafür dürfte sein, dass ... 74

Kerngrammatik

Konjunktionen: „als" und „wenn" (§ 33b)

<u>Als</u> wir oben ankamen, waren wir sehr stolz.

<u>Als</u> ich ein kleiner Junge war, hörte man noch auf alte Menschen.

<u>Wenn</u> meine Mutter nicht zu Hause war, saßen wir vor dem Fernseher.

Ich fand es ziemlich spannend, <u>wenn</u> meine Mutter sich schminkte.

Konjunktionen: „bevor" und „nachdem" (§ 33b)

<u>Bevor</u> ich in die Schule kam, hatte ich nur wenige Freunde.

<u>Nachdem</u> meine Großeltern gestorben waren, zogen wir in ihr Haus.

Plusquamperfekt (§ 22)

Die Probleme fingen an, nachdem mein Vater <u>ausgezogen war</u>.

Ich <u>hatte</u> mich so oft mit ihm <u>gestritten</u>.

Ich war sehr stolz, als wir oben auf dem Berg <u>angekommen waren</u>.

Adjektive aus Nomen (§ 5)

-voll	humorvoll	-los	gefühllos
	liebevoll		fantasielos

Adjektive: Antonyme mit „-un" (§ 8)

modern	unmodern
freundlich	unfreundlich
interessant	uninteressant

Satzstrukturen: Besetzung des Nachfelds (§ 32)

Für uns waren die Fünfer reserviert <u>und die Sechser</u>.

Wenn er ein Problem hatte <u>mit jemandem</u>, nahm er sich Zeit.

Wir waren alle traurig, als er wegzog <u>in eine andere Stadt</u>.

Satzstrukturen: Subjunktoren (*THN 2* § 24) / Nebensatz im Vorfeld (*THN 2* § 23)

<u>Dass so viele Leute Spanisch lernen wollen</u>, hätte ich nicht gedacht.

<u>Weil ich Probleme mit der Aussprache habe</u>, mache ich noch einen Französischkurs.

<u>Während sie den Aufbaukurs Fliegen besucht</u>, lerne ich „Englisch für Pantomimen".

1. Welche der beiden Kurzbeschreibungen passt zu den Berichten, die Sie gehört haben?

Nach Übung

3

im Kursbuch

a) Bericht 1

A Der Mann erzählt vor allem von seiner Mutter, die sehr streng war. Trotzdem hörte er immer auf ihren Rat.

B Der Mann denkt bei dem Foto vor allem an seine Urgroßmutter, die er sehr bewundert hat. Sie war eine kluge alte Frau, die in ihrem Leben viel gearbeitet hat.

b) Bericht 2

A Die Frau berichtet von ihrem ersten Schultag. Alle Erwachsenen sprachen vom Ernst des Lebens, der nun beginnen würde. In der Schule saß sie dann zufällig neben einem Jungen mit dem Namen Ernst und glaubte, dass er dieser „Ernst des Lebens" sei.

B Die Frau erzählt von ihrer ersten Lehrerin, die sie sehr hübsch fand. Alle Kinder durften ihre Schultüten ins Klassenzimmer mitnehmen und Schokolade essen. Dann musste jedes Kind seinen Namen nennen.

c) Bericht 3

A Die Frau erinnert sich daran, dass ihre Mutter sich oft über sie ärgerte, weil sie viel Zeit im Badezimmer verbrachte. Dabei hat sie immer die Schminksachen ihrer Mutter kaputtgemacht, die dort lagen.

B Die Frau fand ihre Mutter sehr schön und hat als kleines Mädchen immer zugeschaut, wenn sie sich schminkte. Danach hat sie sich auch geschminkt, obwohl sie das natürlich nicht sollte. Aber ihre Mutter fand es meistens lustig.

d) Bericht 4

A Der Mann hätte als kleiner Junge gern einmal im Meer gebadet, aber seine Eltern wollten immer nur in den Bergen Urlaub machen. Das Foto zeigt ihn bei einer Wanderung in der Schweiz. Er hat diesen Tag in schrecklicher Erinnerung.

B Der Mann erinnert sich noch ganz genau an den Tag, an dem das Foto gemacht wurde. Da war er mit seinen Eltern in Österreich auf einen Berg gestiegen und sehr stolz, weil er es geschafft hatte, den Gipfel zu erreichen.

e) Bericht 5

A Das Foto ist etwa 15 Jahre alt und zeigt den Mann mit seinem jüngeren Bruder. Damals lebten die Geschwister bei ihrer Mutter, die aber wenig Zeit für sie hatte, weil sie als erfolgreiche Architektin viel unterwegs war. Deshalb schauten die Jungen viel fern oder spielten Fußball.

B Der Mann erzählt von seinem Bruder, mit dem er sich gut verstanden hat. Auf dem Foto waren die Geschwister 15 Jahre alt und kamen kurze Zeit später in ein Internat. Dort haben sie die meiste Zeit vor dem Fernseher gesessen.

f) Bericht 6

A Die Frau war damals 14 Jahre alt und in einen jungen Mann verliebt, der in einer Musikgruppe spielte. Weil ihre Eltern nicht wollten, dass sie einen Freund hatte, lief sie von zu Hause weg. Wenige Tage später wurde sie aber von der Polizei gefunden und zurückgebracht.

B Die junge Frau hatte damals ein Problem mit ihren Eltern, weil alle ihre Freundinnen zu Popkonzerten gehen durften, sie aber nicht. Eines Tages besuchte sie deshalb ohne die Erlaubnis ihrer Eltern ein Konzert. Danach durfte sie dann öfter alleine ausgehen.

Lektion 6

Nach Übung

4

im Kursbuch

2. Ergänzen Sie „wenn" oder „als".

„als" = etwas passierte einmal oder zu einem bestimmten Zeitpunkt in der Vergangenheit
„wenn" = etwas passierte mehrmals oder regelmäßig in der Vergangenheit

a) _____ ich meine Lehrerin zum ersten Mal sah, gefiel sie mir sofort.
b) _____ meine Lehrerin morgens in die Klasse kam, lächelte sie immer.
c) Das war jedes Mal ein tolles Erlebnis, _____ wir endlich oben auf dem Berg waren.
d) Ich war sehr stolz, _____ ich an diesem Tag oben auf dem Berg ankam.
e) Ich habe meiner Mutter jeden Tag zugeschaut, _____ sie sich im Bad schminkte.
f) Einmal war meine Mutter sehr ärgerlich, _____ ich mich mit ihren Sachen geschminkt hatte.
g) _____ ich in ein Internat kam, hat sich mein Bruder oft einsam gefühlt.
h) Mein Bruder und ich haben oft Fußball gespielt, _____ meine Mutter nicht zu Hause war.
i) _____ ich 14 Jahre alt war, begann ich mich für Jungen zu interessieren.
j) Ich durfte nie mitgehen, _____ meine Freundinnen ein Popkonzert besuchten.

Nach Übung

4

im Kursbuch

3. Analysieren Sie. Welches „als" kommt in den Sätzen vor?

I.   Ich bin jünger <u>als</u> meine Schwester. (Vergleich)
II. Er hat einen Job <u>als</u> Taxifahrer. (Rolle, Beruf, Funktion)
III. <u>Als</u> wir heirateten, schneite es. (Zeitpunkt in der Vergangenheit)

a) Als Ehemann kann ich ihn mir gar nicht vorstellen. _II_
b) Er ist älter als sein Bruder. ____
c) Als Arzt muss ich oft am Wochenende arbeiten. ____
d) Das Mädchen trägt lieber die Schuhe seiner Mutter als seine eigenen. ____
e) Mein Sohn macht gerade eine Lehre als Automechaniker. ____
f) Sie kam in die Küche, als er gerade ein Ei aß. ____
g) Morgens trinkt er öfter Tee als Kaffee. ____
h) Als Kind musste ich abends immer früh ins Bett gehen. ____
i) Meine Freundin kam ein Jahr früher zur Schule als ich. ____
j) Das Foto wurde gemacht, als meine Großmutter 80 Jahre alt war. ____

Nach Übung

4

im Kursbuch

4. Wiederholen Sie, in welchen Funktionen „wenn" noch vorkommt.

I.   Wenn ich doch Urlaub hätte! (Wunsch)
II. Wenn er nicht arbeiten muss, kommt er zu meiner Feier. (Bedingung)
III. Wenn er mehr Zeit hätte, würde er eine Fremdsprache lernen. (irreale Aussage)

a) Morgen gehen wir ins Schwimmbad, wenn es nicht regnet. ____
b) Ich kann dich nur dann abholen, wenn mein Vater mir sein Auto gibt. ____
c) Wenn es draußen nicht so kalt wäre, würden wir einen Spaziergang machen. ___
d) Wenn ich doch nur die gleiche Haarfarbe wie meine Schwester hätte! ____
e) Wenn doch nur das Wetter besser wäre! ____

f) Ich wäre glücklich, wenn meine Urgroßmutter noch leben würde. ____
g) Es wäre schöner auf der Welt, wenn es keine Kriege gäbe. ____
h) Wenn es ihm morgen besser geht, will er wieder zur Arbeit gehen. ____
i) Wenn die Kinder doch endlich mal ihre Hausaufgaben ordentlich machen würden! ____

5. Schreiben Sie die Sätze anders. Verwenden Sie „als".

Nach Übung

4

im Kursbuch

a) Ich möchte später Arzt werden. Dann arbeite ich im Krankenhaus.
   Ich möchte später als Arzt im Krankenhaus arbeiten.
b) Gestern war es kalt. Heute ist es noch kälter.
   Heute ist es noch _____ .
c) Die Lehrerin war sehr nett. Das hatte ich nicht erwartet.
   Die Lehrerin war netter _____ .
d) Ich habe einen Bruder. Er ist zwei Jahre jünger.
   Mein Bruder _____ .
e) Mein Mann ist Lehrer. Er arbeitet in Kenia.
   Mein Mann arbeitet _____ .
f) Wenn man ein Kind ist, muss man auf die Erwachsenen hören.
   _____ auf die Erwachsenen hören.

6. Was passt? Ergänzen Sie „wenn" oder „wann".

Nach Übung

4

im Kursbuch

a) _____ kommen die Kinder heute aus der Schule?
b) Ich weiß noch ganz genau, _____ ich meine Schultüte bekommen habe.
c) _____ ich abends nicht einschlafen kann, lese ich ein Buch.
d) Meine Mutter hat meistens nur gelacht, _____ ich ihre Schminksachen benutzt habe.
e) Ich habe ihn nicht gefragt, _____ er heute nach Hause kommt.
f) _____ man eine Bergtour machen will, muss man früh aufstehen.
g) Wir wissen noch nicht genau, _____ wir die nächste Bergtour machen.
h) Ich hatte als Kind immer Angst, _____ ich in den Keller gehen musste.
i) Können Sie mir sagen, _____ das Fußballspiel beginnt?
j) _____ fährt der nächste Zug nach Berlin?
k) Sie würde sich sehr freuen, _____ sie zu einem Popkonzert gehen dürfte.

7. Schreiben Sie.

Nach Übung

5

im Kursbuch

a) Nachdem sich meine Eltern getrennt hatten, musste meine Mutter das Geld verdienen.
   Was passierte zuerst? *Meine Eltern trennten sich.*
   Was passierte dann? *Meine Mutter musste das Geld verdienen.*
b) Bevor ich zur Schule ging, schenkten mir meine Großeltern eine Schultüte.
   Was passierte zuerst? *Meine Großeltern* _____ .
   Was passierte dann? *Ich ging* _____ .
c) Ich erzählte meinen Eltern von Ernst, nachdem ich aus der Klasse kam.
   Was passierte zuerst? _____ .
   Was passierte dann? _____ .

Lektion 6

d) Wir mussten eine Stunde warten, bevor die Lehrerin kam.
   Zuerst? _____ .
   Dann? _____ .

e) Bevor sie auf ein Popkonzert ging, fragte sie ihre Eltern um Erlaubnis.
   Zuerst? _____ .
   Dann? _____ .

f) Nachdem er seine Bergschuhe angezogen hatte, setzte er seinen Hut auf.
   Zuerst? _____ .
   Dann? _____ .

g) Die Kinder schliefen ein, nachdem die Mutter eine Geschichte erzählt hatte.
   Zuerst? _____ .
   Dann? _____ .

Nach Übung

5

im Kursbuch

8. Ergänzen Sie die Verben im Plusquamperfekt.

a) (ankommen) Ich war sehr stolz, als wir oben auf dem Berg <u>angekommen waren.</u>

b) (arbeiten) Meine Großmutter _____ in ihrem langen Leben viel _____ .

c) (schreiben) Als es Abend wurde, _____ die Sekretärin zwanzig Briefe _____ .

d) (wissen) Die Eltern _____ nicht _____ , wo ihre Tochter war.

e) (essen) Nachdem er seine Suppe _____ _____ , rief er den Kellner.

f) (weglaufen) Sie hatte ein schlechtes Gewissen, weil sie von zu Hause _____

   _____ .

g) (aufhören) Sie blieben im Restaurant sitzen, bis der Regen _____ _____ .

h) (besitzen) Bevor er zehn Jahre alt war, _____ er nie ein Fahrrad _____ .

i) (rasieren) Als seine Freunde zur Party kamen, _____ er sich noch nicht _____ .

j) (trainieren) Nachdem der Sportler drei Stunden _____ _____ , ging er unter die Dusche.

k) (wachsen) Die Tochter meiner Freundin _____ in einem Jahr so sehr _____ , dass ich sie nicht mehr erkannte.

Nach Übung

5

im Kursbuch

9. Schreiben Sie die Sätze im Plusquamperfekt.

a) Meine Eltern schenkten mir eine Schultüte.
   <u>Meine Eltern hatten mir eine Schultüte geschenkt.</u>

b) Die Lehrerin fragte mich nach meinem Namen.
   _____ .

c) Ich fuhr mit meinen Eltern in die Berge.
   _____ .

d) Wir stiegen in einen Zug nach Österreich ein.
   _____ .

e) Meine Großmutter starb kurz nach ihrem 90sten Geburtstag.
   _____ .

f) Und an Weihnachten zog mir meine Mutter immer ein weißes Kleid an.
   _____ .

g) Meine Freundin nahm mich zu einem Popkonzert mit.

_____ .

h) Eines Tages vergaß ich meine Hausaufgaben.

_____ .

10. Ihre Grammatik. Ergänzen Sie die Zeitformen in der Vergangenheit.

Nach Übung

8

im Kursbuch

	liegen	weggehen	begrüßt werden
ich	lag habe gelegen hatte gelegen	ging ... weg bin weggegangen war weggegangen	wurde begrüßt bin begrüßt worden war begrüßt worden
du			
er/sie/ es/man			
wir			
ihr			
sie/Sie			

Lektion 6

Nach Übung

8

im Kursbuch

11. Fragen zur Kindheit. Welche Antwort passt nicht?

a) Erinnern Sie sich noch an Ihren ersten Schultag?
A Ja, ich weiß noch ganz genau, wie aufgeregt ich damals war.
B Nicht mehr genau, aber ich glaube, dass ich eine rote Schultüte hatte.
C In der dritten Klasse haben wir einen Ausflug in den Zoo gemacht.

b) Welche Erinnerungen haben Sie an Ihre Großeltern?
A Mit 12 Jahren war ich größer als meine Eltern.
B Ich kannte nur meine beiden Großmütter, weil meine Großväter früh gestorben waren.
C Meinen Opa habe ich sehr geliebt, weil er immer fröhlich war.

c) Hatten Sie als Kind viele Freunde?
A Ja, aber erst nachdem ich in die Schule gekommen war.
B Leider nicht, weil ich immer mit meinen Geschwistern spielen musste.
C Ich war ein fröhliches Kind und habe viel gelacht.

d) Wohin sind Sie mit Ihren Eltern im Urlaub gefahren?
A Meistens waren wir in Italien und da immer am gleichen Ort.
B Zum Geburtstag hat mir meine Mutter immer einen Kuchen gebacken.
C Weil mein Vater gerne wanderte, sind wir immer in die Berge gefahren.

e) Was haben Sie als Kind am liebsten gespielt?
A Meistens waren wir auf der Straße und haben Fußball gespielt.
B Ich habe es gehasst, wenn meine Mutter meine Haare gewaschen hat.
C Die meiste Zeit habe ich mich mit meinen Puppen beschäftigt.

f) Sind Sie als Kind gerne in die Schule gegangen?
A Ja, aber nur in den ersten Jahren.
B Ich bin immer mit dem Fahrrad zur Schule gefahren.
C Anfangs nicht, weil wir einen sehr strengen Lehrer hatten.

g) Können Sie sich noch an Ihre erste Lehrerin oder Ihren ersten Lehrer erinnern?
A In Mathematik hatte ich immer gute Noten.
B In der ersten Klasse hatte ich eine ziemlich alte Lehrerin, aber sie war sehr freundlich und hat jeden Tag mit uns gesungen.
C Ich weiß nur noch, dass mein erster Lehrer immer einen Anzug mit Krawatte getragen hat.

Nach Übung

8

im Kursbuch

12. Schreiben Sie auf, welche Erinnerungen Sie an Ihren ersten Schultag haben.

Diese Fragen können Ihnen helfen:

Hatten Sie Angst?
Waren Sie aufgeregt?
Haben Sie sich auf die Schule gefreut?
Wer ist an diesem Tag mitgekommen (Eltern, Großeltern, Geschwister ...)?
War es ein weiter Weg zur Schule?

Sind sie zu Fuß gegangen oder gefahren?
Welche Kleidung haben Sie getragen?
Kannten Sie schon Kinder, die in Ihrer Klasse waren?
Wie war das Wetter an diesem Tag?
Wie fanden Sie Ihren Lehrer / Ihre Lehrerin?
Hatten Sie eine Schultüte?
Gab es in der Schule eine Feier?
Was haben Sie am Nachmittag gemacht?

13. Wie heißt das Gegenteil? Ergänzen Sie die Adjektive.

Nach Übung

9

im Kursbuch

a) Ist das Kleid modern? Nein, es ist <u>unmodern.</u>
b) Ist dein Chef _____ ? Nein, er ist unsympathisch.
c) Bist du sportlich? Nein, ich bin leider ziemlich _____ .
d) Sind Ihre Nachbarn _____ ? Nein, sie sind immer sehr unfreundlich.
e) Ist der Tee gesüßt? Nein, er ist _____ .
f) Waren die Kinder in der Kirche ruhig? Nein, sie waren leider _____ .
g) Ist die Rechenaufgabe kompliziert? Nein, sie ist zum Glück ganz _____ .
h) Ist der Film _____ ? Nein, er ist völlig uninteressant.
i) Findest du diesen Koffer praktisch? Nein, ich glaube, dass er _____ ist.
j) Warst du an deinem ersten Schultag glücklich? Nein, an diesem Tag war
   ich _____ .
k) Ist die Verkäuferin höflich? Nein, sie ist meistens _____ .
l) Warst du dir in der Prüfung bei allen Fragen sicher? Nein, bei manchen war
   ich _____ .
m) Ist dieses Gemüse gesund? Gemüse ist doch nie _____ .

14. Welches Adjektiv passt?

Nach Übung

9

im Kursbuch

arbeitslos	ratlos	ereignislos	lustlos	traumlos	mühelos
heimatlos	humorlos	ziellos	erfolglos	zahnlos	
problemlos	herzlos		elternlos	gefühllos	
fleischlos	ergebnislos	fehlerlos	kraftlos	wertlos	schutzlos

a) Sie hat keinen Fehler gemacht; ihre Arbeit war _____ .
b) Nachdem beide Eltern gestorben waren, war das Kind _____ .
c) Der alte Mann hat keine Zähne mehr; sein Mund ist _____ .
d) Wer keine Arbeit hat, ist _____ .
e) Es gab kein Fleisch zu essen; die Mahlzeit war _____ .
f) Ein Mensch ohne Humor ist _____ .
g) Heute habe ich keine Kraft; ich fühle mich _____ .
h) In dieser Nacht hatte ich keinen Traum; mein Schlaf war _____ .

Lektion 6

i) Als er seine Heimat verlassen musste, war er _____ .

j) Diese Münzen haben keinen Wert mehr; sie sind _____ .

k) Sie hatte keine Lust zu arbeiten. Weil es aber sein musste, machte sie es _____ .

l) Die Konferenz endete ohne Ergebnis; die Gespräche waren _____ .

m) Sie wussten keinen Rat; alle waren völlig _____ .

n) Wenn ein Mensch kein Herz und keine Gefühle hat, ist er _____ und _____ .

o) Er hatte kein Ziel, als er mit dem Auto durch die Stadt fuhr. Die Fahrt war _____ .

p) Es gab keine besonderen Ereignisse heute; der Tag war _____ .

q) Es macht mir keine Mühe, einen Kuchen zu backen. Das geht wirklich _____ .

r) Leider hatten wir keinen Erfolg; wir waren _____ .

s) Ich hatte keine Probleme, mein Auto zu verkaufen. Das ging schnell und _____ .

t) Sie fanden keinen Schutz vor dem Gewitter, deshalb mussten sie _____ weiterlaufen.

Nach Übung

9

im Kursbuch

15. Wie heißt das Gegenteil? Ordnen Sie.

mutig	kalt	richtig	hässlich	schwer	fleißig	verheiratet	klein

krank   jung   traurig   weich   nervös   lang   trocken   leise   schwach

dünn   reich   nah   hell   schmutzig   sauer   teuer   langweilig

a) warm : kalt_____
b) dick : _____
c) weit : _____
d) groß : _____
e) lustig : _____
f) spannend : _____
g) alt : _____
h) arm : _____
i) billig : _____
j) leicht : _____
k) stark : _____
l) ledig : _____
m) dunkel : _____

n) falsch : _____
o) ängstlich : _____
p) faul : _____
q) nass : _____
r) gesund : _____
s) hart : _____
t) hübsch : _____
u) kurz : _____
v) laut : _____
w) ruhig : _____
x) sauber : _____
y) süß : _____

Nach Übung

12

im Kursbuch

16. Welcher Satz hat eine ähnliche Bedeutung?

a) Unser Lehrer hatte seine Lieblinge.

Ⓐ Unser Lehrer war zu bestimmten Schülern immer viel netter als zu anderen.

Ⓑ Unser Lehrer liebte alle seine Schüler.

b) Für unseren Lehrer waren wir die Verlierer.
Ⓐ In den Augen unseres Lehrers hatten wir keine Chance.
Ⓑ Wir haben unseren Lehrer immer geärgert.

c) Viele Schüler konnten im Unterricht nicht mitkommen.
Ⓐ Viele Schüler kamen morgens nicht zum Unterricht.
Ⓑ Viele Schüler haben nicht verstanden, was im Unterricht verlangt wurde.

d) Für uns waren die Fünfer reserviert.
Ⓐ In der Klasse mussten immer fünf Schüler an einem Tisch sitzen.
Ⓑ Wir bekamen als Note immer eine Fünf.

e) Schwachen Schülern muss man Mut machen.
Ⓐ Schülern mit schlechten Noten muss man Mut machen.
Ⓑ Man muss Mut haben, um ein schlechter Schüler zu sein.

f) Schüler lernen nur unter Druck.
Ⓐ Schüler sollten immer Spaß am Lernen haben.
Ⓑ Man muss Schülern Angst machen, damit sie lernen.

17. Was passt? Ergänzen Sie die Wörter im Text.

Nach Übung **12** im Kursbuch

| zuerst | zehnten | besten | erster | tatsächlich | schlechtere | bald | damals |

Den _____ Lehrer, den ich in meiner Schulzeit hatte, bekam ich in der _____ Klasse. _____ hatten viele meiner Mitschüler Probleme in Mathematik. Als Herr P. zu uns kam, war sein _____ Satz: „Bei mir gibt es keine _____ Note als Vier." Natürlich fanden wir das _____ sehr lustig, aber _____ merkten wir, dass Herr P. es ernst meinte. Am Ende des Schuljahres gab es _____ keine Fünfen und Sechsen im Zeugnis.

18. Aussagen über die Kursstatistik auf Seite 73. Sind sie richtig oder falsch?

Nach Übung **16** im Kursbuch

a) Der Kurs „Schulprobleme bei Kindern" wurde vor allem von Frauen im mittleren Alter besucht. R/F
b) An dem Computerkurs „Windows 95 und WORD 97" nahmen viel mehr Männer als Frauen teil. R/F
c) Die meisten Kurse wurden für die Wochenenden angeboten. R/F
d) Am teuersten war der Kurs „Gitarre für Anfänger". R/F
e) An dem Kurs „Einführung ins Internet" hatten vor allem junge Männer Interesse. R/F
f) Der Kurs „Englisch für Kinder" fand immer dienstags statt und kostete € 56. R/F
g) Insgesamt gab es fünf Sprachkurse im Programm der Volkshochschule. R/F
h) Es wurden zwei Kochkurse angeboten, für die sich aber nur Frauen interessiert haben. R/F
i) Die beiden Spanisch-Kurse hatten mehr weibliche als männliche Teilnehmer. R/F

Lektion 6

j) Am besten von allen Angeboten war der Kurs „Step-Aerobic" besucht.   R/F
k) An dem Englischkurs für Kinder nahmen mehr Jungen als Mädchen teil.   R/F
l) Es gab vier Kurse, die schon vormittags begonnen haben.   R/F
m) Keiner der Kurse endete später als 21.30 Uhr.   R/F

Nach Übung
17
im Kursbuch

19. Schreiben Sie die Sätze anders, indem Sie mit dem Nebensatz beginnen.

a) Ich hätte nicht gedacht, dass so viele Leute Spanisch lernen wollen.
    Dass so viele Leute Spanisch lernen wollen, hätte ich nicht gedacht.
b) Ich mache einen Sprachkurs, weil ich noch etwas lernen will.
    Weil
c) Ich werde Französisch lernen, wenn meine Kinder größer sind.

d) Es ist nicht sicher, ob ich noch einen Platz im Kurs bekomme.

e) Italienisch macht mir viel Spaß, obwohl ich Probleme mit der Aussprache habe.

f) Meine Freundin lernt Deutsch, damit sie in Berlin studieren kann.

g) Ich habe mich sofort angemeldet, als ich das Programm der Volkshochschule bekam.

h) Ich besuche einen Kurs, während meine Kinder in der Schule sind.

Nach Übung
19
im Kursbuch

20. Wiederholen Sie Datum und Monatsnamen. Wann findet der Kurs statt?

a) 14. 1. *am vierzehnten Januar*
b) 16. 2. _____
c) 11. 3. _____
d) 29. 4. _____
e) 22. 5. _____
f) 30. 6. _____
g) 3. 7. _____
h) 1. 8. _____
i) 13. 9. _____
j) 7. 10. _____
k) 24. 11. _____
l) 17. 12. _____

Nach Übung
21
im Kursbuch

21. Wiederholen Sie Fragewörter.

wer	wie	was	wo	wohin	woher	warum	wann

a) _____ beginnt der Deutschkurs? Um 17 Uhr.
b) _____ findet der Computerkurs statt? Im Schillergymnasium, erster Stock.
c) _____ kostet der Tanzkurs? Pro Stunde zehn Euro.
d) _____ muss man die Anmeldung schicken? An das Büro der Volkshochschule.
e) _____ leitet den Erste-Hilfe-Kurs? Herr Dr. Gütlich vom Roten Kreuz.
f) _____ gibt es keinen Kochkurs? Weil sich zu wenig Teilnehmer angemeldet haben.
g) _____ kommt man am schnellsten zur Volkshochschule? Mit dem Bus.
h) _____ kommt unsere neue Englischlehrerin? Aus London, glaube ich.

22. Wiederholen Sie Zahlen. Wie viel Euro sind das?

Nach Übung

22

im Kursbuch

a) € 12,35 _zwölf Euro und fünfunddreißig Cent_
b) € 93,14 _____
c) € 165,94 _____
d) € 333,10 _____
e) € 654,91 _____
f) € 745,23 _____
g) € 963, 78 _____
h) € 1324,50 _____
i) € 8678,98 _____

23. Wiederholen Sie die Uhrzeiten. Wie viel Uhr ist es?

Nach Übung

22

im Kursbuch

a) Es ist Viertel nach drei am Nachmittag. _15.15 Uhr_
b) Es ist drei Minuten vor Mitternacht. _____
c) Es ist halb neun am Morgen. _____
d) Es ist zwanzig nach zehn am Abend. _____
e) Es ist Viertel nach zwei in der Nacht. _____
f) Es ist fünf nach halb vier am Nachmittag. _____
g) Es ist zwanzig vor sieben am Morgen. _____
h) Es ist fünf vor sechs am Morgen. _____
i) Es ist Viertel vor sieben am Abend. _____

24. Wiederholen Sie die Wochentage.

Nach Übung

22

im Kursbuch

a) Was ist heute, wenn vorgestern Dienstag war? _Donnerstag_
b) Was ist morgen, wenn heute Sonntag ist? _____
c) Heute ist Mittwoch. Welchen Tag haben wir übermorgen? _____
d) Welcher Tag kommt vor Mittwoch? _____
e) Welcher Tag liegt zwischen Samstag und Montag? _____
f) Welcher Tag war gestern, wenn heute Donnerstag ist? _____
g) Wie heißt der Tag, der auf einen Freitag folgt? _____

Lektion 7

Kernwortschatz

Verben

achten 82
beginnen *THN 2*, 29
bringen 88
erlauben *THN 2*, 120
erschrecken 79
erwarten *THN 2*, 126
festhalten 82
fühlen *THN 2*, 69

gehören 81
interessieren
    THN 2, 20
leiden *THN 2*, 61
lügen *THN 2*, 18
merken 82
pflegen *THN 2*, 54
streiten *THN 2*, 59

überraschen
    THN 2, 78
unterhalten *THN 2*,
61
verabreden *THN 2*,
118
versprechen
    THN 2, 31

verstehen *THN 2*,
82
versuchen *THN 2*,
501
weinen *THN 2*, 43
zahlen *THN 2*, 18
ziehen *THN 2*, 43

Nomen

r Anfang, ⸚e *THN 2*, 63
r/e Angestellte, -n *THN 2*,
    17
r Anzug, ⸚e *THN 2*, 14
s Aussehen *THN 2*, 17
r Bart, ⸚e *THN 2*, 43
r Bruder, ⸚ *THN 2*, 15
r Charakter 80
r Eindruck, ⸚e 80
r Fall, ⸚e *THN 2*, 33
e Figur 85
s Gesicht, -er *THN 2*, 10

s Glas, ⸚er *THN 2*, 81
s Haar, -e *THN 2*, 13
r Himmel, - *THN 2*, 41
r Humor *THN 2*, 61
r Hunger *THN 2*, 124
r Kontakt, -e *THN 2*, 31
r Krimi, -s *THN 2*, 35
e Laune, -n *THN 2*, 61
r Mitmensch, -en 81
r Moment, -e *THN 2*, 115
r Onkel, - *THN 2*, 71
r Pullover, - *THN 2*, 86

e Regel, -n *THN 2*, 91
e Rolle, -n *THN 2*, 124
e Stimme, -n *THN 2*, 101
e Tochter, ⸚ *THN 2*, 16
r Typ, -en *THN 2*, 16
s Versprechen, - *THN 2*,
    31
r Vorteil, -e *THN 2*, 28
e Wiederholung, -en
    THN 2, 36
r Witz, -e 86
s Ziel, -e *THN 2*, 101

Adjektive

ängstlich 79
ärgerlich *THN 2*,
    66
blond *THN 2*, 7
böse 84
dumm *THN 2*, 8
faul 84
frech 84
fröhlich *THN 2*,
    125
höflich *THN 2*, 61
humorvoll 84
intelligent *THN 2*,
    8
klug *THN 2*, 12
langweilig *THN 2*,
    8
mager 84

negativ *THN 2*, 30
ordentlich *THN 2*,
    84
persönlich *THN 2*,
    40
positiv *THN 2*, 93
pünktlich *THN 2*,
    16
rund *THN 2*, 10
schlimm *THN 2*, 28
schmutzig *THN 2*,
    24
sportlich *THN 2*,
    11
sympathisch
    THN 2, 8
traurig *THN 2*, 7
unangenehm 86

unfreundlich
    THN 2, 60
unkompliziert 84
unsympathisch
    THN 2, 8
vernünftig 84
weiblich *THN 2*,
    113
wütend 89
zuverlässig *THN 2*,
    93

Adverbien

angenehm *THN 2*,
    16
dauernd *THN 2*, 61
selten *THN 2*, 12

Funktionswörter

damit 87
um ... zu 87

Redemittel

Szenario: „um einen Gefallen bitten"

Könnten Sie ... ? 83
Seien Sie doch so nett
  und ... 83
Hättest du ... ? 83
Würde es Ihnen etwas aus-
  machen, wenn ...? 83
Na gut! 83

Ja (klar)! 83
Selbstverständlich! 83
Aber natürlich! 83
Schade! Da kann man
  nichts machen. 83
Darf ich Sie etwas fragen? 83
Ich habe eine Frage: ... 83

Das geht leider nicht! 83
Tut mir Leid, ich kann
  nicht ... 83
Das ist wirklich sehr nett
  von Ihnen! 83
Das ist sehr freundlich von
  Ihnen! 83

Szenario: „Konsensfindung"

Ich finde, du solltest ... 85
Das ist keine gute Idee. 85
Nein, wirklich nicht. 85
Warum musstest du ...? 85

Das geht doch nicht! 85
Du weißt doch, dass ... 85
Das ist mir egal. 85
Meinetwegen. 85

Wie wäre es, wenn ...? 85
Super! Das ist ein guter
  Vorschlag! 85
Okay, das machen wir. 85

Kerngrammatik

Nomen aus Adjektiven: „-heit" und „-keit" (§ 3b)

-keit	ängstlich	die Ängstlich<u>keit</u>	-heit	gesund	die Gesund<u>heit</u>
	freundlich	die Freundlich<u>keit</u>		schön	die Schön<u>heit</u>
	traurig	die Traurig<u>keit</u>		interessiert	Interessiert<u>heit</u>

Imperativ (THN 1, § 26)

Machen Sie sich mehr
  Gedanken über andere.
Zieh dich anders an!
Seid aufmerksam!

Konjunktiv II: Höfliche Bitte/Aufforderung (§ 25, § 27d)

Könntest du mit dem Hund spazieren gehen?
Dürfte ich Sie etwas fragen?
Würde es Ihnen etwas ausmachen, mich vorzulassen?

Adjektive: attributiver Gebrauch (THN 1, § 20; THN 2, § 5)

Ich finde Frauen mit <u>langen</u> Haaren am
schönsten.

Ein <u>guter</u> Charakter ist doch viel wichtiger!

Finalsätze: „um ... zu" und „damit" (§ 33; THN 2, § 31)

Wir sollen uns „klein" fühlen, <u>damit</u> er sich
  „groß" fühlen kann.
Er geht zur Toilette, <u>damit</u> er nicht bezahlen muss.

Das alles tue ich, <u>um</u> dich <u>zu</u> verstehen.
<u>Um</u> seine eigene Unsicherheit <u>zu</u>
  verstecken, legt er sich mit allen an.

Modalverben: Präsens (THN 1, § 25)

Wir <u>sollen</u> seine wahren Interessen nicht
  bemerken.
Er <u>muss</u> Witze erzählen.
Du <u>darfst</u> keinen Kaffee mehr trinken!

Genitiv (THN 2, § 4)

Er ist der Onkel <u>meines Nachbarn.</u>
Herbert ist der Name <u>ihres Mannes.</u>

Lektion 7

Nach Übung

im Kursbuch

1. Was passt? Ergänzen Sie.

a) Plötzlich kam ein großer Hund um die Ecke. Er hat mir nichts getan, aber im ersten Moment war ich doch sehr (erschrocken / fröhlich / wütend) _____ .

b) Mein Chef ist ein Mensch, der sich schnell ärgert. Wenn jemand einen Fehler macht, wird er immer gleich (traurig / arrogant / wütend) _____ .

c) Meine kleine Schwester fürchtet sich sehr vor Gewittern. Im Sommer schaut sie jeden Tag (fröhlich / ängstlich / interessiert) _____ zum Himmel.

d) Als mein Großvater starb, war ich so (aufgeregt / überrascht / traurig) _____ , dass ich tagelang nicht essen wollte.

e) Ich freue mich immer, wenn ich meine Nachbarin treffe. Sie hat viel Humor und ist immer (fröhlich / egoistisch / pünktlich) _____ .

f) Mit meinem Bruder kann ich mich nicht vernünftig unterhalten. Wir streiten uns ständig, weil er immer (meiner Meinung / anderer Meinung / ohne Worte) _____ ist.

g) Dieser Mensch glaubt wohl, dass er der Schönste und Klügste auf der Welt sei. Jedenfalls ist er schrecklich (angenehm / arrogant / sympathisch) _____ und redet nur schlecht über andere Leute.

h) Mit meiner Chefin habe ich wirklich Glück. Sie hat immer gute Laune und ist zu allen Mitarbeitern (freundlich / frech / friedlich) _____ .

Nach Übung

im Kursbuch

2. Welches Adjektiv passt zu welcher Äußerung?

> arrogant   freundlich   fröhlich   erschrocken   wütend   ängstlich   interessiert   traurig

a) „Nein, ich gehe jetzt nicht durch den Park. Das ist mir viel zu gefährlich am Abend."

b) „Mit diesen Leuten rede ich nicht. Die sind mir viel zu dumm!"

c) „Bitte erzählen Sie doch weiter; darüber möchte ich gerne noch mehr wissen."

d) „Huch, was machst du denn plötzlich hier? Ich habe gar nicht gehört, dass jemand gekommen ist."

e) „Bitte, mein Herr, nehmen Sie doch Platz. Ich bringe Ihnen gleich eine Tasse Kaffee."

f) „Meine Katze ist so krank, dass ihr auch der Tierarzt nicht mehr helfen kann. Ich weine schon seit Tagen."

g) „Geh sofort weg von hier! Ich will dich nie mehr sehen!"

h) „Ich habe gerade einen Witz gehört; der war total lustig. Warte, ich erzähle ihn dir ..."

Nach Übung

4

im Kursbuch

3. Was kann man auch sagen?

a) Ob ein Mensch schön ist, finde ich gar nicht wichtig.

A Schönheit ist für mich das Wichtigste bei einem Menschen.

B Es spielt für mich keine Rolle, ob ein Mensch gut aussieht.

C Es gibt nur wenige Menschen, die ich schön finde.

b) Für mich ist es weniger wichtig, ob ein Mensch humorvoll ist.
Ⓐ Ob ein Mensch Humor hat, steht für mich nicht an erster Stelle.
Ⓑ Ich finde es besonders wichtig, dass ein Mensch Humor hat.
Ⓒ Wenn ein Mensch keinen Humor hat, finde ich ihn unsympathisch.

c) Am wichtigsten ist für mich, dass ein Mensch fröhlich ist.
Ⓐ Ich bin immer fröhlich, wenn ich mit Menschen zusammen bin.
Ⓑ Ich finde es langweilig, wenn jemand immer nur fröhlich ist.
Ⓒ Fröhlichkeit ist für mich die wichtigste Eigenschaft bei einem Menschen.

d) Ich finde es schrecklich, wenn jemand arrogant ist.
Ⓐ Arroganz ist eine nette Eigenschaft in meinen Augen.
Ⓑ Arrogante Menschen kann ich überhaupt nicht leiden.
Ⓒ Ein Mensch muss arrogant sein, damit er mir gefällt.

e) Der Charakter eines Menschen ist für mich genauso wichtig wie sein Aussehen.
Ⓐ Für mich ist der Charakter eines Menschen viel wichtiger als sein Aussehen.
Ⓑ Menschen mit einem guten Charakter sehen immer hübsch aus.
Ⓒ Das Aussehen und der Charakter einer Person sind für mich gleich wichtig.

4. Zu jedem Nomen passt ein Adjektiv. Ergänzen Sie. Finden Sie dann eine Regel, wann das Nomen mit „heit" und wann mit „keit" am Ende gebildet wird.

Nach Übung

4

im Kursbuch

frech interessiert berühmt herzlich traurig klug faul ängstlich ~~ärgerlich~~ verrückt schön ehrlich dumm natürlich freundlich fröhlich zufrieden schlank gesund höflich

a) die Ärgerlichkeit _ärgerlich_
b) die Ängstlichkeit _____
c) die Berühmtheit _____
d) die Dummheit _____
e) die Ehrlichkeit _____
f) die Faulheit _____
g) die Frechheit _____
h) die Freundlichkeit _____
i) die Fröhlichkeit _____
j) die Gesundheit _____

k) die Herzlichkeit _____
l) die Höflichkeit _____
m) die Interessiertheit _____
n) die Klugheit _____
o) die Natürlichkeit _____
p) die Schlankheit _____
q) die Schönheit _____
r) die Traurigkeit _____
s) die Verrücktheit _____
t) die Zufriedenheit _____

Lektion 7

Nach Übung

6

im Kursbuch

5. In welchen Sätzen hat „halten" die gleiche Bedeutung?

a) Halt! Gehen Sie nicht weiter! (= Stopp!)
b) Ich kann meinen Koffer nicht mehr halten; er ist zu schwer. (= tragen, festhalten)
c) Was hältst du von diesem Politiker? (= denken, meinen)
d) Halten Sie das Bild für echt? (= glauben)
e) Der Zug hält hier nicht. (= anhalten, stoppen)
f) Er hat einen Vortrag gehalten. (= reden)
g) Die Milch hält nur ein paar Tage. (= frisch bleiben)
h) Wir müssen uns an die Vorschriften halten. (= beachten)

A Mein Chef wird morgen eine Rede halten.
B Der Bus hält in fünf Minuten.
C Was halten Sie von diesem Wein?
D Ein Versprechen soll man halten.
E Halt! Was machen Sie hier?
F Frischer Fisch hält nicht lange.
G Könnten Sie mal kurz mein Paket halten?
H Hältst du das Essen für gut?

Nach Übung

7

im Kursbuch

6. Schreiben Sie die Imperativsätze in die Du-Form und die Ihr-Form um.

a) Achten Sie genauer auf Ihre Mitmenschen.
   Achte genauer auf deine Mitmenschen.
   Achtet genauer auf eure Mitmenschen.

b) Zeigen Sie nicht jedem gleich Ihre Gefühle.

c) Machen Sie ein freundliches Gesicht.

d) Seien Sie immer natürlich.

e) Stellen Sie anderen Menschen keine persönlichen Fragen.

f) Finden Sie Ihren persönlichen Stil.

g) Lernen Sie aus Ihren Fehlern.

7. Achtung: unregelmäßige Imperativformen. Einige Verben mit dem Vokal „e" im Stamm bilden den Imperativ in der Du-Form mit „i".

Nach Übung

7

im Kursbuch

a) (essen) _____ doch noch ein paar Kartoffeln!

b) (vergessen) _____ deinen Termin heute nicht!

c) (geben) _____ mir bitte mal die Butter!

d) (helfen) _____ mir bitte, die Wohnung aufzuräumen!

e) (nehmen) _____ dir ein Stück Kuchen, wenn du Hunger hast!

f) (versprechen) _____ mir, dass du pünktlich nach Hause kommst!

g) (lesen) _____ nicht mehr so lange; du sollst schlafen!

h) (sprechen) _____ nicht mit vollem Mund!

i) (sehen) _____ mal nach, wer gerade an der Tür geklingelt hat!

j) (treffen) _____ deine Entscheidung erst, wenn du nachgedacht hast!

8. Welche Äußerung ist positiv, welche negativ? Ordnen sie.

Nach Übung

9

im Kursbuch

positiv	*negativ*
Diese Person...	Diese Person...
gefällt mir.	ist mir unsympathisch.

... mag ich nicht.

... finde ich attraktiv.

... ist hübsch angezogen.

... macht einen netten Eindruck.

... hat bestimmt keinen guten Charakter.

... hat eine unangenehme Stimme.

... sieht süß aus.

... interessiert mich.

... möchte ich bestimmt nicht näher kennen lernen.

... hat wunderschöne Augen.

... ist bestimmt sehr arrogant.

... finde ich sehr sympathisch.

... ist irgendwie komisch.

... redet einfach zu viel.

... hat ein schönes Lachen.

9. Welche Äußerung ist weniger direkt und dadurch freundlicher?

Nach Übung

10

im Kursbuch

a) Ⓐ Trink nicht so viel von dem Rotwein.
Ⓑ Wenn du den Rotwein langsamer trinkst, kannst du ihn bestimmt mehr genießen.

b) Ⓐ Dein Buch ist sicher spannend, aber ich kann mit Licht schlecht einschlafen.
Ⓑ Mach das Licht aus, bitte. Ich will schlafen.

c) Ⓐ Der Film nervt mich. Lass uns nach Hause gehen.
Ⓑ Sicher gefällt dir der Film auch nicht. Wollen wir es uns nicht lieber zu Hause gemütlich machen?

d) Ⓐ Ruf den Kellner, damit wir bezahlen können.
Ⓑ Sicher kommt der Kellner gleich wieder. Wollen wir dann bezahlen?

e) Ⓐ Unser Hund bräuchte noch einen kleinen Spaziergang. Hast du Lust, mit ihm noch ein bisschen zu laufen?
Ⓑ Geh bitte mit dem Hund spazieren; er muss raus.

Lektion 7

f) Ⓐ Zieh den roten Pullover an; der ist schöner.
   Ⓑ Ich finde, dass dir der rote Pullover besser steht. Möchtest du den nicht lieber anziehen?

g) Ⓐ Ich habe meine Brille vergessen. Könntest du mir deine bitte mal kurz geben, damit ich die Speisekarte besser lesen kann?
   Ⓑ Gib mir mal deine Brille; ich kann die Speisekarte nicht lesen.

Nach Übung
13
im Kursbuch

10. Jeweils ein Wort passt nicht. Welches?

a) Haare: lang, kurz, nervös, blond, rot, dunkel, gesund
b) Bart: grau, lang, kurz, gepflegt, traurig, schwarz
c) Brille: rund, groß, dunkel, chic, stark, vergesslich, praktisch, teuer
d) Charakter: natürlich, ehrlich, lieb, hübsch, gut, schlimm, schlecht, bescheiden
e) Augen: blau, braun, groß, schön, mager, müde, freundlich
f) Kleidung: chic, modern, klug, einfach, hässlich, praktisch, sportlich
g) Figur: grün, dick, dünn, schlank, weiblich, mager, gut, schlecht
h) Familienstand: verheiratet, verlobt, ledig, geschieden, intelligent
i) Hobbys: tanzen, Rad fahren, Fußball spielen, Wäsche waschen, schwimmen

Nach Übung
13
im Kursbuch

11. Adjektiv als Attribut. Wiederholen Sie.

a) (Haare / lang) Ich finde Frauen mit langen Haaren _____ am schönsten.
b) (Bart / kurz) Mein Partner sollte einen _____ tragen.
c) (Figur / schlank) Für mich ist eine _____ sehr wichtig.
d) (Witze / dumm) Er sollte nie _____ erzählen.
e) (Charakter / gut) Auf jeden Fall muss sie einen _____ haben.
f) (Gesicht / hübsch) Mein Freund sollte ein _____ haben.
g) (Ideen / verrückt) Ich möchte einen Freund, der _____ hat.
h) (Mensch / langweilig) Es darf kein _____ sein.
i) (Stimme / laut) Ich mag es nicht, wenn jemand eine _____ hat.
j) (Brille / stark) Ich möchte keinen Partner mit einer _____ haben.

Nach Übung
13
im Kursbuch

12. Beschreiben Sie einen Freund / eine Freundin. Was gefällt Ihnen an dieser Person besonders und was mögen Sie nicht so gern?

Mein Freund / meine Freundin ist sehr...... Das finde ich ..... Manchmal ist sie / er aber auch ...

ist lustig	telefoniert nicht gern
ist immer fröhlich	redet immer sehr viel
kann sehr gut kochen	kommt immer zu spät
hat die gleichen Hobbys wie ich	ist oft nervös
ist sehr freundlich	arbeitet zu viel
kann gut Klavier spielen	geht immer sehr früh schlafen
ist sehr ordentlich	tanzt nicht gern
kann gut Witze erzählen	interessiert sich nicht für Bücher
isst sehr gern Schokolade	

13. Welche Eigenschaft passt zu den Beschreibungen?

Nach Übung

14

im Kursbuch

kühl bescheiden vergesslich zuverlässig ehrlich natürlich unkompliziert korrekt egoistisch

a) Herr M. ist ein Mensch, der nur an sich selbst denkt. Er macht nur Dinge, die zu seinem Vorteil sind. Wie es seinen Mitmenschen geht, ist ihm völlig egal.

b) Frau P. legt keinen Wert auf Luxus und will auch nie im Mittelpunkt stehen. Sie ist immer mit einfachen Dingen zufrieden.

c) Auf meinen Freund Olaf kann ich mich immer verlassen. Wenn er etwas verspricht, dann macht er es auch. Und wenn wir verabredet sind, kommt er nie zu spät.

d) Ich habe eine Kollegin, zu der ich keinen persönlichen Kontakt bekommen kann. Sie ist zwar nicht unfreundlich, aber sie zeigt keine Gefühle.

e) Herr S. sagt immer, was er denkt. Man kann ihm vertrauen, weil er nie lügt.

f) Im Leben von Frau D. gibt es keine falschen Probleme. Sie nimmt das Leben immer positiv und macht sich keine unnötigen Gedanken.

g) Mein Bruder kann sich einfach nichts merken.

h) Herr A. kommt jeden Tag mit Anzug und Krawatte ins Büro. Seine Arbeiten und sein Verhalten sind immer so, wie man es erwartet.

i) Meine Freundin ist ein sportlicher Typ und schminkt sich nie. Sie ist einfach so, wie sie ist.

14. Welcher Satz hat die gleiche Bedeutung?

Nach Übung

17

im Kursbuch

a) Warum kannst du niemanden leiden?
Ⓐ Warum magst du alle anderen Menschen nicht?
Ⓑ Warum tut dir nie etwas Leid?

b) Du könntest wirklich mehr auf deine Figur achten.
Ⓐ Du müsstest dir mal wieder ein neues Kleid kaufen.
Ⓑ Du solltest aufpassen, dass du nicht zu dick wirst.

c) Was machst du denn für ein Gesicht?
Ⓐ Wie hast du dich denn heute geschminkt?
Ⓑ Warum schaust du denn so ärgerlich?

d) Jetzt reicht es mir aber!
Ⓐ Jetzt habe ich aber genug!
Ⓑ Jetzt brauche ich nichts mehr.

e) Lass mich doch mal ausreden.
Ⓐ Lass mich meine Sätze doch mal zu Ende sagen.
Ⓑ Lass uns doch mal miteinander sprechen.

Nach Übung

17

im Kursbuch

15. Welche Sätze sind aggressiv/beleidigend (A)?
Welche sind entschuldigend/liebevoll? (B)

a) Du gehst mir schrecklich auf die Nerven.   [A]
b) Ich könnte ohne dich nicht leben.   [ ]
c) Bitte verzeih mir, was ich gesagt habe.   [ ]
d) Du bist dümmer, als die Polizei erlaubt.   [ ]
e) Sei mir bitte nicht mehr böse.   [ ]
f) Du redest doch immer nur Unsinn.   [ ]
g) Ich frage mich wirklich, warum ich dich geheiratet habe.   [ ]
h) Ich finde dich einfach lächerlich.   [ ]
i) Ich liebe dich noch wie am Anfang.   [ ]
j) Mit dir rede ich kein Wort mehr.   [ ]
k) Du bist ein schrecklicher Egoist.   [ ]
l) Es tut mir wirklich Leid, dass wir gestritten haben.   [ ]
m) Lass uns wieder gut miteinander sein.   [ ]

Nach Übung

18

im Kursbuch

16. Welche Definition passt?

a) Ein „Geizkragen" ist ein Mensch,
[A] der eigentlich für nichts Geld ausgeben möchte und deshalb immer versucht, alle Dinge umsonst oder möglichst billig zu bekommen.
[B] der anderen Menschen heimlich Geld stiehlt, weil er zu faul ist, sich eine Arbeit zu suchen.
[C] der immer sehr viel Geld ausgibt und allen Leuten Geschenke macht, weil man ihn für reich halten soll.

b) Ein „Scherzkeks" ist eine Person,
[A] die einen wirklich schönen Humor hat und wunderbar Witze erzählen kann.
[B] der man immer alle Witze erklären muss, weil sie zu dumm ist, um sie zu verstehen.
[C] die ihren Mitmenschen dadurch auf die Nerven geht, dass sie ständig dumme Witze macht.

c) Ein „Schleimer" ist jemand,
[A] der gar nicht auf sein Aussehen achtet, seine Haare selten wäscht und immer schmutzige Kleidung trägt.
[B] der seine Ziele zu erreichen versucht, indem er anderen Menschen ständig die schönsten, aber unehrliche Komplimente macht.
[C] der immer nur Komplimente hören will und keine Kritik verträgt.

d) Ein „Streithammel" ist ein Mensch,
[A] der sehr ängstlich ist und deshalb mit allen Mitteln versucht, einem Streit mit seinen Mitmenschen aus dem Weg zu gehen.
[B] der sich nicht für die Meinung von anderen interessiert. Er will immer nur selbst reden und nie zuhören.

C der ständig mit anderen Menschen Streit anfängt. Im Gespräch widerspricht er jeder anderen Meinung, um seine Mitmenschen zu ärgern.

e) Ein „Snob" ist jemand,

A der sich selbst für klüger, wichtiger und besser als seine Mitmenschen hält. Seine typischste Eigenschaft ist Arroganz.

B der sich nur wohl fühlt, wenn er alleine ist. Seine einzigen und besten Freunde sind Bücher.

C der mit seinem Beruf verheiratet ist. Er arbeitet nur und kennt weder Freizeit noch Urlaub.

17. Welche Äußerungen sind positiv (+), welche negativ (–)?

Nach Übung

20

im Kursbuch

a) Es geht mir auf die Nerven, wenn jemand dauernd Witze erzählt.

b) Ich bin ganz begeistert, wenn jemand lustige Witze erzählen kann.

c) Ich finde es toll, wenn ein Mensch immer gute Laune hat.

d) Ich liebe es, wenn Leute zuhören können, anstatt dauernd selbst zu reden.

e) Ich kann es überhaupt nicht leiden, wenn mir jemand dauernd Komplimente macht.

f) Ich finde es sympathisch, wenn …

g) Es macht mich wütend, wenn …

h) Ich finde es schrecklich, wenn …

i) Es gefällt mir gut, wenn …

j) Ich hasse es, wenn …

k) Es ärgert mich immer, wenn …

l) Ich finde es sehr nett, wenn …

18. Verändern Sie den Satz, indem Sie „um … zu" verwenden.

Nach Übung

21

im Kursbuch

a) Er beginnt ein Gespräch, damit er sich streiten kann.
Er beginnt ein Gespräch, _um sich streiten zu können._

b) Er geht zur Toilette, damit er nicht bezahlen muss.
Er geht zur Toilette, _____ .

c) Er macht Komplimente, damit er seine Ziele erreichen kann.
Er macht Komplimente, _____ .

d) Er ist arrogant, damit er sich wichtig fühlen kann.
Er ist arrogant, _____ .

e) Sie streitet mit ihren Eltern, damit sie ins Kino gehen darf.
Sie streitet mit ihren Eltern, _____ .

f) Der kleine Junge weint, damit er nicht ins Bett gehen muss.
Der kleine Junge weint, _____ .

g) Die Sekretärin arbeitet schneller, damit sie früher nach Hause fahren darf.
Die Sekretärin arbeitet schneller, _____ .

h) Er trinkt ein Glas Milch mit Honig, damit er besser schlafen kann.
Er trinkt ein Glas Milch mit Honig, _____ .

Lektion 7

Nach Übung

im Kursbuch

19. Wiederholen Sie die Personalformen der Modalverben im Präsens.

	können	dürfen	sollen	müssen	wollen
ich	kann				
du					
er/sie/es/man					
wir					
ihr					
sie/Sie					

Nach Übung

21

im Kursbuch

20. Was ist richtig?

a) Ein Mann hat in einem Restaurant gegessen und bekommt die Rechnung. Da merkt er, dass er sein Geld zu Hause vergessen hat.
Ⓐ Der Mann will nicht bezahlen.
Ⓑ Der Mann darf nicht bezahlen.
Ⓒ Der Mann kann nicht bezahlen.

b) Eine Frau geht wegen ihrer Magenschmerzen zum Arzt. Der Arzt rät ihr, keinen Kaffee mehr zu trinken.
Ⓐ Die Frau kann keinen Kaffee mehr trinken.
Ⓑ Die Frau soll keinen Kaffee mehr trinken.
Ⓒ Die Frau muss keinen Kaffee mehr trinken.

c) Ein Angestellter möchte Urlaub nehmen. Das geht aber nicht, weil zu viele Kollegen krank sind.
Ⓐ Der Angestellte muss auf seinen Urlaub verzichten.
Ⓑ Der Angestellte will auf seinen Urlaub verzichten.
Ⓒ Der Angestellte darf auf seinen Urlaub verzichten.

d) Im Fernsehen läuft ein spannender Krimi. Die sechsjährige Tochter möchte ihn anschauen, aber die Eltern erlauben es nicht.
Ⓐ Das Mädchen will den Film nicht sehen.
Ⓑ Das Mädchen muss den Film nicht sehen.
Ⓒ Das Mädchen darf den Film nicht sehen.

e) Ein kleiner Junge bekommt von seiner Mutter einen Teller mit Suppe, aber er hat keinen Hunger.
Ⓐ Der Junge will die Suppe nicht essen.
Ⓑ Der Junge kann die Suppe nicht essen.
Ⓒ Der Junge soll die Suppe nicht essen.

21. Schreiben Sie die Zahlen

Nach Übung

23

im Kursbuch

a) 4.878 km   *viertausendachthundertachtundsiebzig Kilometer*

b) 6.167 km _____

c) 9.975 km _____

d) 12.335 km _____

e) 36.217 km _____

f) 57.863 km _____

g) 98.351 km _____

h) 122.972 km _____

i) 444.865 km _____

j) 725.991 km _____

22. Wiederholung: Maß- und Zeiteinheiten. Ergänzen Sie.

Nach Übung

23

im Kursbuch

Zentimeter	Meter	Minuten	Gramm	Pfund	Tag	Monate

a) Ein Jahr hat zwölf _____ .

b) Eine Stunde hat 60 _____ .

c) Ein Pfund sind 500 _____ .

d) Ein Kilo sind zwei _____ .

e) Ein Kilometer sind tausend _____ .

f) 24 Stunden sind ein _____ .

g) Ein Meter hat hundert _____ .

23. Wiederholung: Ergänzen Sie die Vorgaben im Genitiv.

Nach Übung

23

im Kursbuch

a) Er ist der Onkel (mein Mann) *meines Mannes.*

b) Das ist das Haus (unser Nachbar) _____ .

c) Der Preis (das Auto) _____ ist höher, als ich dachte.

d) Die Farbe (dein Kleid) _____ ist sehr hübsch.

e) (Peter) _____ Witze sind nie zum Lachen.

f) Der Hund (Ihre Freundin) _____ macht mir Angst.

g) Die Komplimente (mein Chef) _____ gefallen mir nicht.

h) Wegen (das schlechte Wetter) _____ bleiben wir heute zu Hause.

i) Er ist trotz (seine schlimme Erkältung) _____ zur Arbeit gegangen.

j) Die Schwester (mein bester Freund) _____ heiratet morgen.

Lektion 8

Kernwortschatz

Verben

anhängen 95
anprobieren 93
ärgern *THN 2*, 17
aussehen *THN 2*, 17
aussuchen *THN 2*, 27
bedeuten *THN 2*, 41

beschließen *THN 2*, 101
besitzen 95
bestehen 95
bewerben *THN 2*, 31
hängen *THN 2*, 62
hoffen *THN 2*, 63
kosten 88

planen *THN 2*, 89
riechen *THN 2*, 84
schlagen *THN 2*, 67
schließen *THN 2*, 104
stehen *THN 2*, 13
steigen *THN 2*, 95
stellen *THN 2*, 56
streiken *THN 2*, 98

umtauschen 93
verbrauchen *THN 2*, 49
verbringen 97
vorschlagen *THN 2*, 104
zählen *THN 2*, 122
zumachen *THN 2*, 86

Nomen

s Angebot, -e *THN 2*, 33
e Bedeutung, -en *THN 2*, 94
r Bleistift, -e *THN 2*, 89
e Bluse, -n *THN 2*, 7
e Briefmarke, -n *THN 2*, 89
r Briefumschlag, ¨e *THN 2*, 99
e Dose, -n *THN 2*, 81
r Enkel, - *THN 2*, 59
e Fabrik, -en *THN 2*, 54
s Gas, -e *THN 2*, 54
e Gastfamilie, -n 97
s Geburtsdatum, -daten 100
s Gefühl, -e *THN 2*, 93
e Geldbörse, -n 96
s Geschäft, -e *THN 2*, 54

s Geschenk, -e 100
s Gesetz, -e *THN 2*, 68
s Gewitter, - *THN 2*, 75
e Gitarre, -n *THN 2*, 86
e Heimat, -en *THN 2*, 91
r Hof, ¨e *THN 2*, 114
e Jacke, -n *THN 2*, 13
r Kassenzettel, - 93
e Konferenz, -en *THN 2*, 100
e Kundennummer, -n 100
r Kuss, ¨e *THN 2*, 120
r Laden, ¨ *THN 2*, 44
e Landschaft, -en *THN 2*, 36
s Leder, - 93
e Liebe *THN 2*, 16
r Marktpreis, -e 99
e Meinung, -en *THN 2*, 13

s Netz, -e 99
r Ofen, ¨ *THN 2*, 114
e Panne, -n *THN 2*, 47
s Papier, -e *THN 2*, 81
r Pullover, - *THN 2*, 86
r Regen *THN 2*, 74
r Rock, ¨e *THN 2*, 7
s Salz, -e *THN 2*, 89
r Sänger, - 84
r Schirm, -e *THN 2*, 86
r Schlüssel, - *THN 2*, 86
e Seife, -n *THN 2*, 86
s Sofa, -s *THN 2*, 69
e Sonnenbrille, -n 92
r Strumpf, ¨e *THN 2*, 7
e Wiederholung, -en *THN 2*, 36
e Zahnpasta, -pasten *THN 2*, 86

Adjektive

bequem 100
durchschnittlich *THN 2*, 48
freundlich *THN 2*, 8
gelb *THN 2*, 11
jung *THN 2*, 8

kompliziert *THN 2*, 53
pünktlich *THN 2*, 16
regelmäßig *THN 2*, 43

Adverbien

allerdings *THN 2*, 105
hinten *THN 2*, 51
neulich 95
vorgestern 48

Redemittel

Szenario: „Dienstleistungsgespräche"

Guten Tag. Ich habe im Schaufenster ... gesehen. 93

Haben Sie auch ... ? 93

Ja, bitte, selbstverständlich. Hier bitte. 93

Möchten Sie ... mal anprobieren/ausprobieren? 93

Also, ich weiß nicht, das gefällt mir nicht so. 93

Das ist zu ... 93

Ja, was soll ... denn kosten? 93

Kann man das ... umtauschen? 93

Sicherlich. 93

Also gut, dann nehme ich ... 93

Das macht dann ... 93

Zahlen Sie bar? 93

Ich würde gerne mit Karte bezahlen. 93

Kerngrammatik

Komparation (*THN 1, § 21*)

jung – jünger – am jüngsten
gut – besser – am besten

viel – mehr – am meisten
gern – lieber – am liebsten

Wortbildung: zusammengesetzte Nomen (§ 1), nominalisierte Verben (§ 2)

die Drogerie + der Markt   der Drogeriemarkt
waschen + das Pulver   das Waschpulver
groß + die Stadt   die Großstadt

anrufen   der Anrufer / die Anruferin
singen   der Sänger / die Sängerin

Verben mit trennbarem Verbzusatz – Perfekt (§ 30)

Sie <u>hat</u> sich eine neue Jacke <u>ausgesucht</u>.
Wir <u>sind</u> in den Bus <u>eingestiegen</u>.

Generalisierende Relativpronomen: „wer" (§ 12b)

<u>Wer</u> sich heute etwas kaufen will, sollte die Preise vergleichen.
<u>Wer</u> einen Gegenstand zur Auktion ins Internet stellt, kann davon nicht so einfach zurücktreten.

„werden" bei Passiv und Futur (§ 24)

+ Mein Pullover <u>muss</u> mal wieder <u>gewaschen werden</u>! (*Passiv*)
– Also gut, morgen <u>werde</u> ich ihn in die Waschmaschine <u>stecken</u>! (*Futur: Versprechen*)

Mein altes Auto <u>wird</u> hoffentlich nächste Woche <u>verkauft</u>. (*Passiv*)
Morgen <u>werde</u> ich mein altes Auto <u>verkaufen</u>. (*Futur: Plan, Absicht*)

Lektion 8

Nach Übung

1

im Kursbuch

1. Wiederholung zu Komparativ und Superlativ. Schreiben Sie.

a) Rote Autos gefallen mir <u>gut</u>.
   Blaue Autos gefallen mir allerdings noch <u>besser</u> als rote.
   Aber eigentlich finde ich nur weiße Autos wirklich schön. Die gefallen mir <u>am besten</u>.

b) Helle Jacken mag ich <u>gern</u>.
   Dunkle Jacken mag ich aber noch _____ als helle.
   Bunte Jacken mag ich allerdings _____ .

c) Heute hat es ziemlich <u>viel</u> geregnet.
   Gestern hat es allerdings noch _____ geregnet als heute.
   Vorgestern war das Wetter ganz schrecklich. Da hat es _____ geregnet.

d) Den Stuhl finde ich <u>schön</u>.
   Den Sessel finde ich aber noch _____ als den Stuhl.
   Das Sofa ist fantastisch. Das finde ich _____ .

e) Der Pullover ist <u>dick</u>.
   Die Jacke ist etwas _____ als der Pullover.
   Damit ich nicht friere, ziehe ich aber den Mantel an. Er ist _____ .

f) Der Möbelverkäufer war <u>freundlich</u>.
   Der Schuhverkäufer war noch _____ als der Möbelverkäufer.
   Der Autoverkäufer, der mir ein teures Auto verkaufen wollte, war aber

   _____ .

Nach Übung

1

im Kursbuch

2. Ergänzen Sie die Adjektivformen im Komparativ oder im Superlativ.
   (Vergleichen Sie Themen Neu 2, § 5, 6, 7)

a) Ich habe zwei (alt) <u>ältere</u> Brüder.
b) Frau Maier war die (nett) _____ Lehrerin, die ich in meiner Schulzeit hatte.
c) Alle meine Geschwister waren älter als ich. Ich war das (jung) _____ Kind bei uns zu Hause.
d) Meine Freundin hat die (schön) _____ Augen, die ich je gesehen habe.
e) Mein Kollege ärgert sich immer, weil ich einen (neu) _____ Computer habe als er.
f) Mein Chef ist 2,05 cm groß. Er ist der (groß) _____ Mensch, den ich kenne.
g) Die Kirche ist fast immer das (hoch) _____ Gebäude in einem Dorf.
h) Süddeutschland hat ein (warm) _____ Klima als Norddeutschland.
i) Die Verkäuferin wollte mir den (teuer) _____ Mantel verkaufen, der im Geschäft war.
j) Im Winter trägt man (dunkel) _____ Kleidung als im Sommer.
k) Der Film ist nicht schlecht, aber gestern habe ich im Kino einen (spannend) _____ gesehen.

Nach Übung

1

im Kursbuch

3. Ordnen Sie die Nomen.

~~Tee~~ ~~Brille~~ Brot Kaffee Gitarre Marmelade Fahrrad Honig Waschpulver Kleid Apfel Käse Fernseher Radio Auto Lampe Ball Wecker Salz Mineralwasser Bier Blume Kartoffel Teppich Bluse Limonade Buch Gemüse Butter Ei Kühlschrank Tisch Zitrone Wurst Zwiebel Strumpf

der/ein	die/eine	das/ein
Tee	Brille	

4. Was kann man in einem Geschäft kaufen? Was nicht? (Wortschatzwiederholung)

Nach Übung

2

im Kursbuch

~~einen Gedanken~~ ~~einen Ball~~ ein Schnitzel ein Gefühl Angst einen Apfel eine Bitte
Bauchschmerzen ein Getränk Appetit eine Landschaft eine Hose einen Kellner einen
Berg ein Geschenk einen Bruder einen Dieb ein Ei ein Klavier eine Gitarre einen Kuss
ein Möbel eine Lampe einen Ingenieur eine Hoffnung eine Birne Meinungen einen Enkel
ein Gewitter einen Anzug eine Kamera einen Fernseher einen Hammer eine Illustrierte
eine Puppe Fieber einen Fisch ein Gesetz einen Fluss eine Gabel eine Heimat einen
Kühlschrank

kann man in einem Geschäft kaufen	kann man nicht in einem Geschäft kaufen
einen Ball	einen Gedanken

Lektion 8

Nach Übung

4

im Kursbuch

5. Jeweils eine Sache kann man in den Geschäften nicht kaufen. Welche?

a) Bäckerei: Brot, Brötchen, Kuchen, Waschpulver, Torte
b) Metzgerei: Wurst, Schinken, Radio, Schnitzel, Würstchen, Fleisch
c) Gemüseladen: Gurke, Tomate, Kartoffel, Salat, Karotte, Zwiebel, Stiefel
d) Drogerie: Fisch, Seife, Shampoo, Zahnpasta, Waschpulver, Pflaster
e) Apotheke: Hustensaft, Kopfschmerztabletten, Verbandzeug, Uhr, Medikamente
f) Kleidergeschäft: Pullover, Hose, Pizza, Rock, Bluse, Jacke, Schal
g) Schreibwarenladen: Briefumschlag, Tee, Bleistift, Papier, Schreibheft, Kugelschreiber
h) Getränkemarkt: Saft, Limonade, Cola, Bier, Mineralwasser, Telefon
i) Supermarkt: Mehl, Salz, Penizillin, Kaffee, Käse, Joghurt, Reis, Nudeln, Milch
j) Möbelgeschäft: Schreibtisch, Couch, Zucker, Bett, Schrank, Spiegel

Nach Übung

4

im Kursbuch

6. Schreiben Sie.

a) ein Laden, in dem man Blumen kauft: _ein Blumenladen_
b) ein Professor, der Politik unterrichtet: _____
c) eine Soße, die aus Tomaten gekocht wird: _____
d) ein Tisch, auf dem ein Computer steht: _____
e) ein Schlüssel, der zu einer Haustür passt: _____
f) ein Berg, der aus Eis besteht: _____
g) ein Salat, der aus Gurken gemacht wird: _____
h) eine Gruppe, die Musik macht: _____
i) ein Fest, das man im Sommer feiert: _____
j) ein Platz, auf dem man Tennis spielt: _____
k) eine Pflanze, die im Zimmer steht: _____
l) ein Ofen, der mit Gas brennt: _____
m) eine Suppe, in der viel Gemüse ist: _____
n) ein Händler, der Gemüse verkauft: _____

Nach Übung

4

im Kursbuch

7. Was ist richtig?

a) Eine Kaffeetasse ist
Ⓐ eine Tasse, aus der man Kaffee trinkt.
Ⓑ ein Kaffee, den man aus einer Tasse trinkt.

b) Eine Gastfamilie ist
Ⓐ eine Familie, bei der man zu Gast ist.
Ⓑ ein Gast, der eine Familie besucht.

c) Ein Parkplatz ist
Ⓐ ein Park, der viel Platz hat.
Ⓑ ein Platz, auf dem man sein Auto parken kann.

d) Ein Gemüsehändler ist
Ⓐ ein Gemüse, das es nur beim Händler gibt.
Ⓑ ein Händler, der Gemüse verkauft.

e) Eine Lesebrille ist
Ⓐ eine Brille, die man zum Lesen aufsetzt.
Ⓑ ein Leser, der eine Brille braucht.

f) Ein Möbelhaus ist
Ⓐ ein Möbel, das in allen Häusern steht.
Ⓑ ein Haus, in dem Möbel verkauft werden.

g) Ein Familienfoto ist
Ⓐ ein Foto, auf dem eine Familie zu sehen ist.
Ⓑ eine Familie, die gerne fotografiert.

8. Nominalisierte Verben. Ergänzen Sie. (Achtung: Nicht alle Formen sind regelmäßig.)

Nach Übung

5

im Kursbuch

a) anrufen: der Anrufer / die Anruferin
b) benutzen: der Benutzer / _____
c) beraten: _____ / die Beraterin
d) besitzen: _____ / _____
e) _____ : der Erfinder / die Erfinderin
f) erzählen: der Erzähler / _____
g) fahren: _____ / _____
h) gewinnen: _____ / _____
i) handeln: _____ / die Händlerin
j) herstellen : _____ / _____
k) _____ : der Käufer / die Käuferin
l) laufen: der Läufer / _____
m) leiten: _____ / _____
n) _____ : der Leser / _____

o) malen: _____ / _____
p) planen: der Planer / _____
q) rauchen: _____ / _____
r) _____ : der Sänger / die Sängerin
s) spielen: _____ / _____
t) _____ : der Sprecher / die Sprecherin
u) verbrauchen: _____ / _____
v) verlieren: der Verlierer / _____
w) _____ : der Verkäufer / die Verkäuferin
x) zeichnen: _____ / _____
y) _____ : der Zuhörer / _____
z) zuschauen: _____ / _____

9. Wo? Ergänzen Sie die Ortsangaben.

Nach Übung

6

im Kursbuch

auf der Post   beim Bäcker   im Möbelgeschäft   an die Universität   auf dem Hof
bei einem Fahrradhändler   auf dem Bahnhof   auf der Bank   an einem Kiosk
in einer Apotheke   bei einem Popkonzert

a) Gestern war ich _____ , um Briefmarken zu kaufen.
b) Die Kinder spielen draußen _____ .
c) Gerade war ich _____ , um eine Rechnung zu bezahlen.
d) Brot kaufe ich immer _____ und nie im Supermarkt.
e) Ein Fahrrad würde ich nur _____ kaufen, weil man da den
   besten Service hat.
f) Nach dem Abitur will er _____ gehen.
g) Die Geschäfte haben alle schon geschlossen, aber wir können noch etwas
   _____ einkaufen.

Lektion 8

h) Medikamente kann man nur _____ bekommen.

i) Letzte Woche habe ich _____ einen alten Freund getroffen, als ich gerade mit dem Zug nach Hannover fahren wollte.

j) Ich werde mir das Bett kaufen, das ich neulich _____ gesehen habe.

k) Meinen Freund habe ich _____ kennen gelernt, als die Musiker gerade eine Pause machten.

Nach Übung

7

im Kursbuch

10. Was passt zusammen?

a) Gibt es das Kleid eine Nummer größer?
b) Könnte ich die Schuhe umtauschen, wenn sie meinem Mann nicht passen?
c) Haben Sie die Hose auch in einer helleren Farbe?
d) Kann man den Pullover in der Maschine waschen?
e) Was kostet diese Bluse?
f) Wo kann ich den Rock anprobieren?
g) Meinen Sie nicht, dass der Rock für mich zu kurz ist?
h) Kann die Lederjacke Regen vertragen?

A 65 Euro, glaube ich. Ach nein, 69.
B Ja, das ist kein Problem. Sie bekommt keine Flecken davon.
C Nein, warum denn? Sie haben doch schöne Beine.
D Ja, natürlich, aber bringen Sie den Kassenzettel mit.
E Ja, ich habe es auch noch in Größe 42 da.
F Nein, besser mit der Hand und nur in kaltem Wasser.
G Ja, die gibt es auch in Weiß und in Gelb.
H Hier hinter der roten Tür; da ist frei.

Nach Übung

7

im Kursbuch

11. Welche Äußerungen eines Kunden sind positiv (p)? Welche negativ (n)?

a) Die Hose passt mir nicht. (n)
b) Die Bluse ist mir viel zu weit. ( )
c) Die Äpfel sehen herrlich aus. ( )
d) Dieser Teddybär sieht ja süß aus. ( )
e) Diesen Fotoapparat finde ich viel zu kompliziert. ( )
f) Die Tomaten sind mir zu teuer. ( )
g) Der Pullover ist sehr bequem. ( )
h) Das Kleid gefällt mir nicht. ( )
i) Nach diesem Kleid habe ich schon lange gesucht. ( )
j) Dieser Koffer ist wirklich sehr praktisch. ( )
k) Ich bezahle doch keine 100 Euro für eine Sonnenbrille. ( )
l) Fantastisch, wie diese Blumen riechen. ( )
m) Der Mantel steht mir nicht. ( )
n) Der Salat ist ja wunderbar frisch. ( )
o) Ich finde diesen Preis sehr günstig. ( )

12. Trennbare und untrennbare Verben. Unterstreichen Sie alle trennbaren Verben.

Nach Übung

13

im Kursbuch

verkaufen bekommen <u>aussuchen</u> entscheiden entdecken anhängen abfahren
bewerben anfangen erzählen aufhören vergessen aufwachen entlassen einkaufen
einsteigen unterrichten erfinden fernsehen verdienen festhalten verbessern nachdenken
umdrehen verlieren übernehmen vorschlagen zumachen erklären zuschauen

13. Perfekt bei trennbaren und untrennbaren Verben: Ergänzen Sie „ge" oder „ – ".

Nach Übung

12

im Kursbuch

a) er hat ver__kauft

b) er hat aus__sucht

c) er hat ver__loren

d) er hat vor__schlagen

e) er ist ein__stiegen

f) er hat ein__kauft

g) er hat unter__richtet

h) er hat er__funden

i) er hat er__zählt

j) er ist ab__fahren

k) er hat fest__halten

l) er hat ver__gessen

m) er ist auf__wacht

n) er hat ver__dient

o) er hat an__fangen

p) er hat zu__schaut

q) er hat ent__deckt

r) er hat be__kommen

s) er hat nach__dacht

t) er hat auf__hört

u) er hat fern__sehen

v) er hat er__klärt

w) er hat zu__macht

x) er hat ver__bessert

y) er hat ent__schieden

z) er hat an__hängt

14. Verben mit Vorsilbe „be". Was passt?
   Achten Sie auch auf die richtige Personalform.

Nach Übung

13

im Kursbuch

a) suchen / besuchen

Ⓐ Morgen _____ ich meine Tante und bringe ihr einen Blumenstrauß mit.

Ⓑ Ich _____ schon seit zwei Stunden meine Autoschlüssel.

b) arbeiten / bearbeiten

Ⓐ Morgen muss ich den ganzen Tag im Büro _____ .

Ⓑ Das Leder wird in der Fabrik _____ , bevor daraus Jacken gemacht werden.

c) finden / befinden

Ⓐ Der Chef _____ sich gerade in einer Konferenz.

Ⓑ Ich kann meine Brille nicht _____ .

d) kommen / bekommen

Ⓐ Sie _____ jeden Tag einen Brief von ihrem Freund.

Ⓑ Heute Abend _____ ein guter Film im Fernsehen.

e) sitzen / besitzen

Ⓐ Im Kino _____ ich am liebsten ganz hinten.

Ⓑ Meine Kollegin _____ ein Ferienhaus in Spanien.

f) schließen / beschließen

Ⓐ Die Arbeiter _____ heute, ob sie streiken wollen.

Ⓑ Bevor ich aus dem Haus gehe, _____ ich immer alle Fenster.

Lektion 8

g) halten/behalten

Ⓐ Könntest du bitte mal kurz meine Tasche _____ ?

Ⓑ Kann ich dein Buch noch eine Woche _____ ?

h) stellen/bestellen

Ⓐ Im Restaurant _____ ich mir meistens eine Suppe vor dem Essen.

Ⓑ Wir müssen noch die Milch in den Kühlschrank _____ .

i) achten/beachten

Ⓐ Wir müssen darauf _____ , dass die Kinder immer ihre Zähne putzen.

Ⓑ Das ist eine gefährliche Kreuzung; da muss man genau die Vorfahrt _____ .

Nach Übung

13

im Kursbuch

15. Das gleiche Verb mit verschiedenen Vorsilben. Ergänzen Sie.

| mitmachen   zumachen   ausmachen   nachmachen   aufmachen   anmachen |

a) Sag den Kindern, dass sie den Fernseher _____ sollen, bevor sie ins Bett gehen.

b) Heute Nachmittag gehen wir Fußball spielen. Frag doch mal deinen Bruder, ob er nicht _____ will.

c) Die Sportlehrerin zeigt den Kindern Übungen, die sie später _____ sollen.

d) Ich habe Holz geholt, damit wir im Ofen ein Feuer _____ können.

e) Es ist viel zu warm hier im Zimmer; lass uns mal alle Fenster _____ .

f) Wir müssen immer schnell die Haustür _____ , weil sonst die Katze unserer Nachbarn hereinkommt.

Nach Übung

16

im Kursbuch

16. Vier E-Mails. Wie passen die Teile zusammen? Schreiben Sie.

A Sehr geehrter Herr Meier,

B Liebe Claudia,

C Hallo, süßer Schatz,

D Liebe Freunde,

– hast du Lust, am Samstag mit mir in die Stadt zu gehen?

– vielen Dank für Ihr Angebot. Leider liegt der genannte Preis über meinen Vorstellungen.

– wie geht es euch? Ich habe schon lange nichts mehr von euch gehört.

– ich denke Tag und Nacht an dich, weil ich dich so sehr liebe.

– Ich zähle die Stunden, bis wir uns am Wochenende wiedersehen.

– Ich möchte mir einen neuen Pullover kaufen, und du brauchst doch bestimmt auch etwas.

– Schreibt mir doch mal wieder eine E-Mail.

– Ich hoffe, Sie können mir hier noch etwas entgegenkommen.

– Tausend Küsse von deinem Teddybär

– Gib mir schnell Antwort. Gruß, deine Lisa

– Es grüßt euch herzlich euer Thomas

– Mit freundlichen Grüßen Ihr Joachim Freulich

17. Schreiben Sie eine E-Mail an eine Person, die Sie im Urlaub kennen gelernt haben.

Nach Übung

16

im Kursbuch

Lieber (Liebe) ....,
ich bin jetzt seit einer Woche wieder zu Hause ....

Sie können schreiben:

– wie Ihre Heimreise war
– welche Probleme Sie hatten (Panne mit dem Auto, Koffer im falschen Flugzeug, ...)
– was Sie zu Hause zuerst gemacht haben (gleich ins Bett gegangen, mit Freunden telefoniert, Wäsche gewaschen, alle Blumen gegossen, Einkäufe gemacht, ...)
– was Sie heute gemacht haben (gearbeitet, gelernt, Sport, ...)
– wie es Ihnen geht (gut, erkältet, Kopfschmerzen, ...)
– wo Sie Ihren nächsten Urlaub verbringen wollen
– dass Sie sich freuen würden, wenn er/sie Sie mal anrufen (besuchen, ...) würde
– wie Ihre Urlaubsfotos geworden sind
– dass Sie ihm/ihr bald ein paar Bilder schicken

18. Schreiben Sie.

Nach Übung

17

im Kursbuch

a) Sehen Sie den Schirm und die Jacke?
   Ich sehe einen Schirm, aber ich finde keine Jacke.

b) Sehen Sie den Ball und den Fernseher?
   Ich sehen einen Ball, aber ich finde keinen ... .

c) Sehen Sie die Spritze und die Taschenlampe?
   Ich sehe eine ... .

d) Sehen Sie den Koffer und die Handtasche?
   _____

e) Sehen Sie das Kissen und den Wecker?
   _____ .

f) Sehen Sie die Uhr und die Schere?
   _____ .

g) Sehen Sie die Geldbörse und das Telefon?
   _____ .

h) Sehen Sie den Teppich und die Haarbürste?
   _____ .

i) Sehen Sie den Hammer und das Buch?
   _____ .

j) Sehen Sie das Fahrrad und das Besteck?
   _____ .

k) Sehen Sie das Radio und die Bluse?
   _____ .

l) Sehen Sie das Handy und die Gitarre?
   _____ .

m) Sehen Sie die Dose und die Flasche?
   _____ .

n) Sehen Sie die Halskette und das Foto?
   _____ .

Lektion 8

Nach Übung

20

im Kursbuch

19. Welcher Satz hat die gleiche Bedeutung?

a) Er bewahrte Ruhe.
Ⓐ Er wurde nicht nervös, sondern blieb ganz ruhig.
Ⓑ Er ruhte sich nach der Arbeit aus.

b) Die Verwirrung ist perfekt.
Ⓐ Jeder findet die Lösung ideal.
Ⓑ Niemand versteht, was das zu bedeuten hat.

c) Der normale Preis war das Dreifache.
Ⓐ Der durchschnittliche Handelspreis war dreimal so hoch.
Ⓑ Für die Ware wurden drei Preise genannt.

d) Er fiel aus allen Wolken.
Ⓐ Er war völlig überrascht.
Ⓑ Er hat endlich eine Lösung für sein Problem gefunden.

e) Das hätte er sich nicht träumen lassen.
Ⓐ Das hätte er nicht für möglich gehalten.
Ⓑ Nachts träumt er immer schlecht.

f) Das ist weit unter Marktpreis.
Ⓐ Das ist viel weniger als der normale Preis.
Ⓑ Auf dem Gemüsemarkt ist das viel billiger.

Nach Übung

20

im Kursbuch

20. Schreiben Sie die Sätze anders. Beginnen Sie mit „wer".

a) Jemand will sich einen Computer kaufen. Er sollte die Preise vergleichen.
Wer sich einen Computer kaufen will, sollte die Preise vergleichen. .

b) Jemand möchte eine Ware billiger haben. Er sollte sich informieren.

c) Jemand hat Probleme mit der Gesundheit. Er sollte zu einem Arzt gehen.

d) Jemand ist auf der Suche nach einem neuen Auto. Er sollte mal ins Internet schauen.

e) Jemand bekommt eine E-Mail von einer Person, die er nicht kennt. Er sollte vorsichtig sein.

f) Jemand hat oft Kopfschmerzen, wenn er am Computer sitzt. Er sollte oft Pausen machen und an die frische Luft gehen.

Nach Übung

23

im Kursbuch

21. Was passt zusammen?

a) Guten Tag, was kann ich für Sie tun?   A Nein, aber meine Tochter ist da.
b) Können Sie mir bitte Ihre   B Ja, natürlich. Das ist die 319 13864
   Kundennummer sagen?

c) Ihr Geburtsdatum?
d) Wohnen Sie in der Blumenstraße 12 in Stuttgart?
e) Ist das Kleid zu klein oder zu groß?
f) Soll ich Ihnen das Kleid in Größe 40 zuschicken?
g) Das Paket wird übermorgen geliefert. Sind Sie da morgens zu Hause?
h) Haben Sie noch weitere Wünsche?

C Ein Kleid, das heute geliefert wurde, passt mir leider nicht.
D Nein, danke, das ist alles.
E Ja, das wäre nett.
F 17. 12. 1981.
G Es ist zu klein. Ich brauche eine Nummer größer.
H Ja, das ist meine Adresse.

22. Wann sind die Personen geboren? Schreiben Sie.

Nach Übung

23

im Kursbuch

a) 30. 7. 1985   am dreißigsten siebten neunzehnhundertfünfundachtzig
b) 4. 2. 1977   am vierten zweiten neunzehnhundertsiebenundsiebzig
c) 16. 11. 1968   am
d) 12. 4. 1975
e) 27. 9. 1983
f) 9. 12. 1970
g) 19. 1. 1964
h) 13. 8. 1979
i) 24. 12. 1960
j) 7. 3. 1981
k) 17. 5. 1972

23. Vergleichen Sie die Sätze. Welcher steht im Passiv (P), welcher im Futur (F)? (Vergleichen Sie § 24 Zertifikatsband.)

Nach Übung

23

im Kursbuch

a) Ein Pullover muss mit dem richtigen Waschmittel gewaschen werden. `P`
Morgen werde ich meinen Pullover mit dem richtigen Waschmittel waschen. `F`
b) Alle Waren werden pünktlich geliefert.
Unser Geschäft wird alle Waren pünktlich liefern.
c) Wir werden Ihnen eine Rechnung schicken.
Die Rechnung wird Ihnen zugeschickt.
d) Ich werde morgen einen Kuchen backen.
Der Kuchen wird eine Stunde bei 170 Grad gebacken.
e) Wir werden jeden Tag von unseren Nachbarn besucht.
Nächste Woche werden wir unsere Nachbarn besuchen.
f) Der Präsident wird eine Rede zum Thema Weltfrieden halten.
Die Rede zum Thema Weltfrieden wurde vom Präsidenten gehalten.
g) Die Opposition wird die nächsten Wahlen bestimmt gewinnen.
Die Wahlen werden sicher von der Opposition gewonnen.
h) Morgen werde ich mein altes Auto verkaufen.
Mein altes Auto wird vom Händler verkauft.

Lektion 9

Kernwortschatz

Verben

annehmen *THN 2,* 101

ärgern *THN 2,* 17

benutzen *THN 2,* 42

bleiben *THN 2,* 42

einstellen *THN 2,* 51

entwickeln *THN 2,* 82

finden 107

gehören 111

leisten *THN 2,* 55

melden 105

organisieren *THN 2,* 119

pflegen *THN 2,* 54

planen *THN 2,* 89

retten *THN 2,* 89

schmecken *THN 2,* 84

setzen *THN 2,* 65

sparen *THN 2,* 62

stecken *THN 2,* 16

töten *THN 2,* 64

überraschen *THN 2,* 78

überweisen 103

unterhalten *THN 2,* 61

verabreden *THN 2,* 118

verbinden 108

vermuten 109

verteilen 103

vorbereiten *THN 2,* 54

vorstellen *THN 2,* 9

wünschen *THN 2,* 51

zählen *THN 2,* 122

zurückrufen 110

Nomen

e Anleitung, -en 108

r Anrufbeantworter, - 104

e Ansage, -n 101

r Arbeitgeber, - *THN 2,* 17

s Attest, -e 105

e Aufgabe, -n *THN 2,* 32

r Auftrag, ¨e *THN 2,* 51

r Augenblick, -e *THN 2,* 24

e Bedienung, -en *THN 2,* 91

s Blatt, ¨er *THN 2,* 89

r Briefträger, - 103

r Briefumschlag, ¨e *THN 2,* 99

r Bürgermeister, - *THN 2,* 106

r Drucker, - 103

r Erfolg, -e *THN 2,* 54

s Ergebnis, -se *THN 2,* 16

r Ernst *THN 2,* 91

s Fax, -e 103

s Formular, -e 103

e Gefahr, -en *THN 2,* 38

s Gerät, -e *THN 2,* 57

s Handy, -s 103

s Hotelzimmer, - 103

s Internet 107

e Internetseite, -n 108

e Konferenz, -en *THN 2,* 100

r Kopierer, - 103

r Lautsprecher, - *THN 2,* 44

e Maus, ¨e 103

r Moment, -e *THN 2,* 115

e Nachricht, -en *THN 2,* 35

r Ofen, ¨ *THN 2,* 114

e Ordnung, -en *THN 2,* 44

s Papier, -e *THN 2,* 81

e Papiere (Plural) 103

e Quittung, -en 103

e Reaktion, -en *THN 2,* 81

r Schreibtisch, -e 103

e Sorge, -n *THN 2,* 12

e Suche 108

e Tastatur, -en 103

s Telefongespräch, -e 114

e Verabredung, -en 104

s Wetter *THN 2,* 36

e Zukunft *THN 2,* 24

Adjektive

dringend *THN 2,* 31

einsam *THN 2,* 118

erreichbar 108

geschickt 104

klug *THN 2,* 12

kompliziert *THN 2,* 53

neugierig *THN 2,* 61

nützlich 107

persönlich *THN 2,* 40

schlimm *THN 2,* 28

schwierig *THN 2,* 36

Adverbien

ab und zu 104

häufig 104

manchmal 104

nämlich *THN 2,* 46

nie 104

oft 104

samstags *THN 2,* 33

selten 104

unterwegs 116

Funktionswörter

denn 107

weil 107

Redemittel

Szenario: „Diskussion"

Ich bin sicher, ...   109
Ich glaube nicht, dass ...   109
Ich kann mir vorstellen, dass ...   106
Das ist schon richtig, aber ...   107
Ich bin eigentlich anderer Meinung.   107
Es ist doch klar, dass ...   106
Das ist doch Unsinn!   107
Ich nehme an, dass ...   106
Das ist richtig. / Das stimmt.   107
Es wundert mich, dass ...   106
Ich frage mich wirklich, ob ...   109
Das hätte ich nicht erwartet.   106

Kerngrammatik

Gründe: „weil", „denn", „deshalb" (§ 33c)

Computer sind nützlich, weil sie das Leben erleichtern.
Wir brauchen Computer, denn sie erleichtern das Leben.
Computer erleichtern das Leben. Deshalb sind sie nützlich. / Sie sind deshalb nützlich.

Konjunktionen: „dass" und „ob" (§ 33a)

Ich glaube, dass die Meldung über Horntal wahr ist.
Ich kann mir nicht vorstellen, dass Hunde Handys bekommen sollen.

Ich weiß nicht, ob ich Urlaub in Horntal machen möchte.
Ich frage mich, ob der Papst tatsächlich eine eigene Internetseite hat.

Wortbildung: Nomen aus Verben (§ 2b)

-ung	landen	die Landung
	retten	die Rettung
	erfinden	die Erfindung

Lektion 9

Nach Übung

im Kursbuch

1. Wie heißen die Nomen?

a) das H_ndy

b) das F_xg_rät

c) das R_di_

d) der B_ldsch_rm

e) die M_us

f) das M_dem

g) der Dr_cker

h) die T_stat_r

i) der C_mp_ter

j) der Lautspr_cher

k) der K_gelschre_ber

l) der _rdner

Nach Übung

im Kursbuch

2. Was ist das?

a) _____: Ein Telefon, das man in die Tasche stecken und mitnehmen kann.

b) _____: Hat Ähnlichkeit mit einem Fernseher. Man sieht darauf, was man auf dem Computer gerade schreibt.

c) _____: Teil des Computers, das man ähnlich wie eine Schreibmaschine benutzt.

d) _____: Dieses Gerät braucht man bei einer Stereoanlage, damit man etwas hört.

e) _____: Ein kleines Teil, das einen Tiernamen hat und die Bedienung eines Computers erleichtert.

f) _____: Ein kleines Gerät, das die Verbindung des Computers zum Internet möglich macht.

g) _____: Indem man ein Blatt Papier einlegt und eine Nummer wählt, kann man damit Texte und Zeichnungen sekundenschnell in die ganze Welt verschicken.

h) _____: Damit bringt man das, was man mit dem Computer geschrieben hat, auf Papier.

Nach Übung

im Kursbuch

3. Jeweils ein Nomen passt nicht. Welches?

a) schreiben: einen Brief, ein Gedicht, einen Text, ein Modem, ein Fax

b) ordnen: Papicre, Hefte, Post, Fotos, Licht, Formulare

c) planen: einen Termin, einen Kugelschreiber, ein Treffen, eine Konferenz

d) verschicken: eine E-Mail, ein Fax, eine SMS, einen Flug, ein Paket

e) erledigen: die Post, eine Arbeit, ein Getränk, eine Aufgabe, einen Auftrag

f) buchen: einen Flug, ein Buch, ein Hotelzimmer, eine Reise, eine Bahnfahrt

g) einschalten: einen Computer, einen Drucker, einen Schreibtisch, ein Radio, ein Faxgerät

h) aufräumen: ein Büro, einen Schreibtisch, ein Zimmer, ein Telefongespräch

Nach Übung

im Kursbuch

4. Jeweils ein Verb passt nicht. Welches?

a) einen Mitarbeiter: entlassen, einstellen, loben, verteilen, kritisieren

b) am Computer: arbeiten, spielen, klettern, schreiben, sitzen, rechnen

c) die Post: erledigen, abschicken, ordnen, erfinden, lesen, bearbeiten, holen

d) das Faxgerät: einschalten, ausschalten, benutzen, bedienen, rasieren

e) eine Arbeit: erledigen, organisieren, überweisen, machen, ablehnen, leisten

f) eine Konferenz: planen, vorbereiten, organisieren, leiten, besitzen

g) eine Auskunft: besuchen, geben, notieren, erfragen, brauchen

h) Geld: überweisen, abheben, zählen, bezahlen, korrigieren, ausgeben

5. Alles Unsinn. Notieren Sie die passenden Verben.

Nach Übung

2

im Kursbuch

| abgehoben | gelesen | gebucht | notiert | geschrieben | gehört | gegeben | bedient |

a) Heute habe ich beim Frühstück Radio <u>gelesen</u>.
b) Nach dem Mittagessen habe ich eine Stunde meine Zeitung <u>gehört</u>.
c) Ich habe mich heute in den Garten gesetzt und meiner Tante in den USA einen langen Brief <u>aufgeräumt</u>.
d) Weil ich Geld brauchte, bin ich zur Bank gegangen und habe welches von meinem Konto <u>bedient</u>.
e) Mein Briefträger hat mir heute morgen ein Paket gebracht, und ich habe ihm dafür eine Quittung <u>eingeschaltet</u>.
f) Der neue Kopierer in unserem Büro ist ziemlich kompliziert. Als ich ihn zum ersten Mal <u>notiert</u> habe, musste ich einen Kollegen zu Hilfe holen.
g) Gestern habe ich auf einem Zettel schnell eine Telefonnummer <u>gebucht</u>, aber ich finde ihn nicht mehr.
h) Mein Chef muss nächste Woche nach New York fliegen. Deshalb habe ich heute für ihn einen Flug <u>eingestellt</u>.

a) <u>gehört</u>   b) _____   c) _____   d) _____
e) _____   f) _____   g) _____   h) _____

6. Was stimmt nicht?

Nach Übung

3

im Kursbuch

a) Mit einem Faxgerät kann man
A einem Freund in wenigen Sekunden schicken, was man gerade geschrieben hat.
B hören, wie das Wetter in den nächsten Tagen sein wird.
C nur den Menschen eine Nachricht schicken, die auch ein Faxgerät haben.

b) Mit einem Handy
A kann man Briefe kopieren.
B kann man auch dann angerufen werden, wenn man unterwegs ist.
C darf man nicht telefonieren, wenn man in einem Flugzeug sitzt.

c) Eine E-Mail ist eine Nachricht,
A die man auf seinem Computer liest.
B die man nur bekommen kann, wenn man an das Netz angeschlossen ist.
C die man in einen Briefumschlag steckt und mit der Post verschickt.

d) Eine SMS
A ist eine kurze Textnachricht, die man per Handy verschickt.
B ist eine Nachricht am Telefon, die von einer Computerstimme gesprochen wird.
C wird auch dann von einem Handy angenommen, wenn es ausgeschaltet ist.

Lektion 9

7. Wo ist die Abfolge von „immer" bis „nie" richtig?

a) immer – fast immer – oft – manchmal – selten – nie
b) immer – oft – manchmal – fast immer – selten – nie
c) immer – selten – oft – manchmal – fast immer – nie
d) immer – manchmal – oft – fast immer – selten – nie

8. Ergänzen Sie.

nie	ab und zu	oft	täglich	fast nie

a) Ich telefoniere <u>jeden Tag</u> mit meiner Mutter.
   Ich rufe meine Mutter _____ an.
b) Ich habe noch <u>niemals</u> eine SMS verschickt.
   Eine SMS habe ich noch _____ an jemanden geschickt.
c) Es passiert <u>häufig</u>, dass ich ein Fax bekomme.
   Ich bekomme _____ ein Fax.
d) Mein Handy benutze ich nur <u>manchmal</u>.
   Mit meinem Handy telefoniere ich nur _____ .
e) Es kommt <u>selten</u> vor, dass ich einen Brief schreibe.
   Briefe schreibe ich _____ .

9. Was ist richtig? (Nur jeweils eine Antwort stimmt.)

a) Welchen Fehler hat Monika aus Dresden gemacht?
Ⓐ Sie hat vergessen, die Briefe an ihre Freundinnen abzuschicken.
Ⓑ Sie hat falsche Adressen auf die Briefumschläge geschrieben.
Ⓒ Sie hat aus Versehen die Briefe verwechselt.
Ⓓ Sie hat nur einer Freundin geantwortet und die andere vergessen.

b) Welchen Fehler hat Franz aus Augsburg gemacht?
Ⓐ Er hat eine sehr persönliche Mail aus Versehen an die falsche Adresse geschickt.
Ⓑ Er hat seiner Kollegin eine Mail geschickt, über die sie sich geärgert hat.
Ⓒ Er sollte seinem Chef eine Mail schicken und hat es vergessen.
Ⓓ Er hat die Mail nicht gelesen, die ihm ein Kollege geschickt hat.

c) Welchen Fehler hat Wolfgang aus Essen gemacht?
Ⓐ Er hatte eine falsche Nummer gewählt und am Anfang nicht gemerkt, dass er mit einer fremden Person sprach.
Ⓑ Er glaubte mit seiner Freundin zu telefonieren, aber es war ihre Schwester, mit der er sich die ganze Zeit unterhielt.
Ⓒ Er hat nicht gemerkt, dass die Anruferin, mit der er längere Zeit telefonierte, ihn für einen Mitbewohner hielt.
Ⓓ Er sollte für seinen Mitbewohner mehrere Anrufe erledigen und hat dabei die Telefonnummern verwechselt.

d) Welchen Fehler hat der Bekannte von Sarah aus Hamburg gemacht?
- Ⓐ Er hat seiner Freundin aus Versehen ein ärztliches Attest geschickt.
- Ⓑ Er hat versehentlich für seinen Chef einen Flug auf die Seychellen gebucht.
- Ⓒ Er hat vergessen, seinem Arbeitgeber eine Krankmeldung zu schicken.
- Ⓓ Er hat seinem Arbeitgeber aus Versehen ein Fax geschickt, das für seine Freundin bestimmt war.

10. Welche Reaktion auf die Äußerungen passt nicht?

Nach Übung

14

im Kursbuch

a) „Computer helfen den Menschen Zeit zu sparen."
- Ⓐ Das ist völlig richtig.
- Ⓑ Da bin ich nicht sicher, ob das stimmt.
- Ⓒ Das schmeckt aber wirklich nicht.

b) „Irgendwann werden Computer die Welt beherrschen."
- Ⓐ Diese Gefahr sehe ich auch.
- Ⓑ Davon halte ich nichts.
- Ⓒ Das kann ich mir nicht vorstellen.

c) „Der Computer ist die schrecklichste Erfindung unserer Zeit."
- Ⓐ Das ist eine gute Idee.
- Ⓑ Das ist doch Unsinn.
- Ⓒ Genau. Das ist auch meine Meinung.

d) „Ich kann mir mein Leben ohne Computer gar nicht mehr vorstellen."
- Ⓐ Genauso geht es mir auch.
- Ⓑ Das ist eine schwierige Frage.
- Ⓒ Das finde ich aber schlimm.

e) „Kinder sollten Bücher lesen, anstatt vor dem Computer zu sitzen."
- Ⓐ Das macht mich nervös.
- Ⓑ Das ist auch meine Einstellung.
- Ⓒ Das sehe ich genauso.

11. „Denn" und „weil". Ergänzen Sie den fehlenden Teilsatz.

Nach Übung

14

im Kursbuch

a) Computer sind nützlich,
- *denn sie machen die Büroarbeit leichter.*
- *weil sie die Büroarbeit leichter machen.*

b) Jedes Kind sollte einen Computer haben,
- denn es braucht das Wissen für die Zukunft.
-

c) Das Internet ist eine tolle Erfindung,
– denn man hat Kontakt zur ganzen Welt.

– _____

d) Man sollte nicht jeden Tag am Computer sitzen,
– _____

– weil das für die Augen nicht gesund ist.

e) Das Internet ist gut für einsame Menschen,
– _____

– weil sie damit neue Freunde finden können.

f) Alte Leute mögen meistens keine Computer,
– denn sie haben Probleme mit der neuen Technik.

– _____

g) Man sollte den Computer nicht so wichtig nehmen,
– _____

– weil es viel interessantere Dinge im Leben gibt.

Nach Übung

im Kursbuch

12. Zu den Texten auf Seite 108. Nur ein Satz passt. Welcher?

a) zu Text 1
Ⓐ Nachdem sich der Pilot während des Flugs erschossen hatte, musste ein Passagier das Flugzeug landen.
Ⓑ Nachdem ein Luftpirat alle Passagiere getötet hatte, zwang er den Piloten, das Flugzeug zu landen.
Ⓒ Nachdem ein Luftpirat beide Piloten erschossen hatte, gelang es einem Passagier, das Flugzeug zu landen.

b) zu Text 2
Ⓐ Weil sich niemand für die Internetadresse des Papstes interessierte, gab der Vatikan das neue Computerprojekt wieder auf.
Ⓑ Der Vatikan musste die Internetseite des Papstes schließen, weil ihm zu viele Menschen eine E-Mail schicken wollten.
Ⓒ Der Papst wollte seine E-Mails nicht lesen, weil er kein Freund der modernen Technik ist und lieber Gespräche führt.

c) zu Text 3
Ⓐ Weil in Horntal Handys nicht funktionieren, kommen keine Touristen mehr in die kleine Gemeinde.
Ⓑ Der Horntaler Bürgermeister wirbt erfolgreich damit, dass in seiner Gemeinde kein Urlauber durch Handys gestört werden kann.
Ⓒ In Horntal dürfen keine Handys benutzt werden, weil das den Bürgermeister in seiner Ruhe stört.

d) zu Text 4

Ⓐ Um die Suche nach verschwundenen Hunden und Katzen zu erleichtern, wird zur Zeit in Japan ein Handy für Tiere entwickelt.

Ⓑ Weil sich viele Hunde und Katzen ein Handy wünschen, arbeiten jetzt zwei japanische Firmen an seiner Entwicklung.

Ⓒ In Japan werden zur Zeit Hunde und Katzen darauf trainiert, Handys wiederzufinden, die jemand verloren hat.

e) zu Text 5

Ⓐ In Creppesheim dürfen Gefangene jeden Donnerstag eine E-Mail an ihre Familie oder an Freunde schreiben.

Ⓑ Strafgefangene in Rheinland-Pfalz müssen 100 Stunden pro Woche an Computern arbeiten, damit sie Kontakt zu ihren Familien halten dürfen.

Ⓒ In einer Justizvollzugsanstalt in Rheinland-Pfalz dürfen Gefangene per Internet ständig Kontakt zu ihrer Familie und zu Freunden pflegen.

13. Welcher Satz hat die gleiche Bedeutung?

Nach Übung

im Kursbuch

a) Die Gefangenen können rund um die Uhr das Internet benutzen.

Ⓐ Die Gefangenen können 24 Stunden am Tag ins Internet gehen.

Ⓑ Die Gefangenen können zu bestimmten Uhrzeiten das Internet nutzen.

b) Handys sind in Flugzeugen tabu.

Ⓐ Handys gehen in Flugzeugen kaputt.

Ⓑ In Flugzeugen sind Handys verboten.

c) Das kann fatale Folgen haben.

Ⓐ Da kann etwas Schlimmes passieren.

Ⓑ Da kommt man zu einem guten Ergebnis.

d) Die Experten zeigen sich optimistisch.

Ⓐ Die Experten machen sich große Sorgen.

Ⓑ Die Experten sehen die Sache positiv.

e) Die Menschen sollen sich an ihren Pfarrer wenden.

Ⓐ Die Menschen sollen zu ihrem Pfarrer gehen.

Ⓑ Die Menschen sollen sich einen anderen Pfarrer suchen.

f) Man will sie in die Lage versetzen, soziale Kontakte zu pflegen.

Ⓐ Man will es ihnen verbieten, dass sie miteinander sprechen.

Ⓑ Man will ihnen die Möglichkeit geben, Kontakt mit anderen Menschen zu halten.

Lektion 9

Nach Übung

17

im Kursbuch

14. Was passt? Ergänzen Sie.

a) Natürlich kann man nicht sicher sein, (wenn / weil / ob) _____ sich für die Tier-Handys Käufer finden lassen.

b) Die Gefangenen können einen Computer benutzen, (obwohl / ob / wenn) _____ sie Kontakt zu ihrer Familie haben möchten.

c) Der Passagier konnte das Flugzeug landen, (weil / wenn / ob) _____ er eine Anleitung über Handy bekam.

d) Es kommen viele Touristen nach Horntal, (bevor / obwohl / wenn) _____ man dort keine Handys benutzen kann.

e) Passagiere konnten den Luftpiraten überwältigen, (ob / nachdem / wenn) _____ er die beiden Piloten erschossen hatte.

f) Man kann sein Handy ruhig zu Hause lassen, (bevor / ob / dass) _____ man nach Horntal fährt.

Nach Übung

18

im Kursbuch

15. Schreiben Sie passende Nebensätze mit „ob".

a) Machst du Urlaub in Horntal?
Ich weiß noch nicht, _ob ich Urlaub in Horntal mache._____

b) Wird es auch Handys für Pferde geben?
Ich habe keine Ahnung, _____ .

c) Gibt es genug Computer für alle Gefangenen?
Ich bin nicht sicher, _____ .

d) Könntest du im Notfall ein Flugzeug landen?
Ich weiß wirklich nicht, _____ .

e) Sollte man im Urlaub auf sein Handy verzichten?
Das ist wirklich eine gute Frage, _____ .

f) Ist die Entwicklung von Tierhandys eine gute Idee?
Ich frage mich wirklich, _____ .

Nach Übung

18

im Kursbuch

16. Schreiben Sie passende Nebensätze mit „dass".

a) Mögen Hunde ein Handy am Halsband?
Ich glaube nicht, _dass Hunde ein Handy am Halsband mögen._

b) Freuen sich die Gefangenen über ihre Kontaktmöglichkeiten?
Ich glaube schon, _____ .

c) Sind die Luftpiraten ins Gefängnis gekommen?
Ich bin sicher, _____ .

d) Hat sich der Papst über die vielen E-Mails gefreut?
Ich denke schon, _____ .

e) Ist der Bürgermeister von Horntal ein kluger Mann?
Ich bin ganz sicher, _____ .

f) Hatten die Passagiere bei der Landung große Angst?
Ich vermute schon, _____ .

17. Was passt? Ergänzen Sie „dass" oder „ob".

Nach Übung

18

im Kursbuch

a) Ich habe keine Ahnung, _____ die Geschichten wirklich passiert sind.

b) Ich kann nicht glauben, _____ ein normaler Passagier die Landung geschafft hat.

c) Das ist doch Unsinn, _____ Hunde Handys bekommen sollen.

d) Ich bin sicher, _____ der Text über das indische Flugzeug erfunden ist.

e) Ich frage mich, _____ jemand wirklich ein Handy für seinen Hund kaufen würde.

f) Man kann nie wissen, _____ eine verrückte Idee zum Erfolg wird oder nicht.

g) Ich glaube nicht, _____ es die Gemeinde Horntal überhaupt gibt.

h) Ich kann mir nicht vorstellen, _____ Gefangene rund um die Uhr am Computer sitzen dürfen.

i) Es würde mich wirklich interessieren, _____ die Geschichte vom Vatikan stimmt.

j) Ich möchte wissen, _____ der Papst wirklich eine Internetseite hat.

18. Verben, aus deren Stamm man ein Nomen mit der Endung „ung" bilden kann (land/en; Landung). Ergänzen Sie Verbformen und Nomen.

Nach Übung

19

im Kursbuch

Ordnung	Entwicklung	Rettung	Überraschung	Störung	Heizung
~~Landung~~	Meinung	Buchung	Wohnung	Erfindung	Verbindung

a) landen: Das Flugzeug ist _gelandet_ .
   Die _Landung_ war problemlos.

b) entwickeln: In Japan werden Handys für Hunde _____ .
   Manche Leute finden diese _____ verrückt.

c) stören: Wir möchten nicht _____ werden.
   Wir möchten bitte keine _____ .

d) heizen: Dieser Ofen _____ sehr gut.
   Im Winter braucht man eine _____ .

e) erfinden: Von wem wurde das Handy _____ .
   Das Handy ist eine tolle _____ .

f) meinen: Wie haben Sie das _____ ?
   Dazu habe ich keine _____ .

g) ordnen: Die Sekretärin hat alle Briefe _____ .
   Auf dem Schreibtisch muss mal wieder _____ gemacht werden.

h) buchen: Der Angestellte hat eine Reise nach Mallorca _____ .
   Er ist wegen der _____ ins Reisebüro gegangen.

i) retten: Alle Passagiere konnten _____ werden.
   Die _____ der Unfallopfer dauerte nur wenige Minuten.

j) überraschen: Er hat seine Freundin mit einer Reise _____ .
   Sie hat sich sehr über die _____ gefreut.

k) wohnen: Ich habe zwei Jahre in Berlin _____ .
   Die _____ war klein und teuer.

l) verbinden: Ich glaube, Sie sind falsch _____ .
   Ich kann Sie kaum verstehen, weil die _____ so schlecht ist.

Lektion 9

Nach Übung
21
im Kursbuch

19. Ansagen auf Anrufbeantwortern. Welche sind geschäftlich (g)? Welche sind privat (p)?

a) Hallo, liebe Freunde. Ich bin nicht zu Hause. Ihr könnt mir aber trotzdem erzählen, wer ihr seid und was ihr wollt. Ich bin nämlich neugierig. ☐

b) Guten Tag. Sie hören den Anrufbeantworter der Gaststätte Akropolis. Wir haben vom 7. bis zum 15. Januar geschlossen. Danach freuen wir uns wieder über Ihren Besuch. ☐

c) Herzlich willkommen im Hotel Krause. Sie sind mit unserem Anrufbeantworter verbunden, denn zur Zeit ist keine Leitung frei. Bitte haben Sie einen Augenblick Geduld. Sie werden gleich verbunden. ☐

d) Hier ist der Anrufbeantworter von Sabine, Klaus und Petra Meier. Bitte nennen Sie nach dem Signalton Ihren Namen und Ihre Telefonnummer. Wir rufen Sie bald zurück. ☐

e) Sie haben die Buchhandlung Lesespaß angerufen. Im Moment haben wir geschlossen. Unsere Geschäftszeiten sind Montag bis Freitag von 10 Uhr bis 18 Uhr und samstags von 9 bis 14 Uhr. Vielen Dank für Ihren Anruf. ☐

Nach Übung
22
im Kursbuch

20. Texte auf dem Anrufbeantworter. Ordnen Sie zu.

a) Wer will eine Verabredung absagen?
b) Wer hat Langeweile?
c) Wer hat sich verwählt?
d) Wer will sich verabreden?
e) Wer hat ein Problem?
f) Wer bittet dringend um einen Rückruf?

A Hallo! Ich bin es, dein Freund Ernst. Hast du morgen Zeit? Ich möchte mit dir ins Kino gehen. Es gibt einen tollen Film. Bitte melde dich!

B Hier ist Ute. Ich kann morgen nicht mit dir Tennis spielen. Tut mir wirklich Leid, aber ich muss länger im Büro bleiben. Ich rufe dich wieder an, damit wir einen neuen Termin machen können.

C Wer ist da? Oh, das ist ein Anrufbeantworter... Ich wollte mit Frau Küpker sprechen. Aber da bin ich wohl falsch. Entschuldigen Sie bitte.

D Hallo, hier ist Petra. Ich muss unbedingt mit dir reden. Bitte ruf mich sofort an, wenn du nach Hause kommst. Es ist wichtig.

E Hallo? Bist du's? Ach nein, das ist ja nur dein Anrufbeantworter. Hier ist Manfred. Ich brauche deine Hilfe, weil mein Computer mal wieder verrückte Sachen macht. Bitte komm zu mir sobald du kannst. Ich bin zu Hause.

F Ich bin's, Kurt. Schade, dass du nicht zu Hause bist. Es gibt nichts Wichtiges, aber ich hätte gern ein bisschen mit dir geredet. Ich bin heute Abend alleine und weiß nicht richtig, was ich machen soll. Na ja, vielleicht fällt mir noch was ein.

21. Welcher Satz hat die gleiche Bedeutung?

Nach Übung

23

im Kursbuch

a) Ich bin ab heute Abend erreichbar.
🄰 Heute Abend kann man mich wieder anrufen.
🄱 Am Abend funktioniert mein Telefon wieder.

b) Rufe mich so bald wie möglich an.
🄰 Lass dir Zeit mit deinem nächsten Anruf.
🄱 Rufe mich an, so schnell es geht.

c) Sie können mich unter meiner Handy-Nummer erreichen.
🄰 Wenn Sie mit mir sprechen wollen, können Sie auf meinem Handy anrufen.
🄱 Bitte rufen Sie nie auf meinem Handy an.

d) Würden Sie mich bitte zurückrufen?
🄰 Bitte geben Sie mir mein Telefon zurück.
🄱 Es wäre nett, wenn Sie sich telefonisch bei mir melden.

e) Ich rufe später noch mal an.
🄰 Ich telefoniere am liebsten spät am Abend.
🄱 Ich probiere es in ein paar Stunden noch einmal.

Lektion 10

Kernwortschatz

Verben

abnehmen *THN 2,* 60

achten 126

ändern *THN 2,* 19

ansprechen 119

ärgern *THN 2,* 17

benutzen *THN 2,* 42

bleiben *THN 2,* 42

erfahren 119

erwarten *THN 2,* 126

fühlen *THN 2,* 69

leisten *THN 2,* 55

öffnen *THN 2,* 54

reden *THN 2,* 20

schaffen *THN 2,* 29

verbringen *THN 2,* 66

verpassen 119

verreisen *THN 2,* 106

vorbereiten *THN 2,* 54

ziehen *THN 2,* 43

Nomen

s Abitur *THN 2,* 26

r Anzug, ¨e *THN 2,* 14

e Bedeutung, -en *THN 2,* 94

e Eisenbahn, -en 116

e Erde 123

e Erfahrung, -en *THN 2,* 29

e Ferien (Plural) 121

e Fremdsprache, -n *THN 2,* 91

s Hemd, -en *THN 2,* 7

s Hotelzimmer, - 118

r Job, -s *THN 2,* 17

r Kollege, -n *THN 2,* 12

e Konferenz, -en *THN 2,* 100

r Kontakt, -e *THN 2,* 31

r Kuss *THN 2,* 120

e Ordnung, -en *THN 2,* 44

r Plan, ¨e *THN 2,* 93

r Punkt, -e *THN 2,* 16

s Raumschiff, -e 116

r Schlüssel, - *THN 2,* 86

e Straßenbahn, -en *THN 2,* 98

e Strecke, -n *THN 2,* 81

s Verkehrsmittel, - *THN 2,* 57

s Wetter *THN 2,* 36

r Zug, ¨e *THN 2,* 52

Adjektive

bequem 120

braun *THN 2,* 10

höflich *THN 2,* 61

hübsch *THN 2,* 7

offen *THN 2,* 16

schmutzig *THN 2,* 24

toll *THN 2,* 24

warm 124

Adverbien

möglich *THN 2,* 44

normalerweise *THN 2,* 88

unterwegs 116

Funktionswörter

als *THN 2,* 9

wegen 120

weil 120

um ... zu 120

Redemittel

Szenario: „sich beschweren"

Kann ich Ihnen helfen?   118
Ja, es gibt da ein Problem: ...   118
Ich finde, das geht nicht.   118
Bitte tun Sie etwas dagegen.   118
Darf ich Sie bitten, mir zu helfen?   118
Unternehmen Sie sofort etwas!   118
Das tut mir schrecklich Leid.   118
Wir werden sofort etwas unternehmen.   118
Ich verstehe, dass Sie verärgert sind.   118
Wir tun, was wir können!   118
Leider kann ich da gar nichts machen.   118
Könnten Sie denn nicht wenigstens ...   118
Gut, in Ordnung.   118

Kerngrammatik

Futur I: Vermutungen über die Zukunft (§ 21)

Touristen <u>werden</u> zum Mond <u>fliegen</u>.
Ein Baby <u>wird</u> im Weltraum zur „Welt" <u>kommen</u>.

Funktionen von „werden" (§ 24)

Hauptverb: Veränderung
Entwicklung: Heute <u>werden</u> die Menschen <u>älter</u> als früher.
beruflich: Mein Sohn <u>wird</u> später mal <u>Astronaut</u>.
Alter: Nächstes Jahr <u>werde</u> ich 33!

Hilfsverb:
Futur (Plan, Absicht):   Ich <u>werde</u> mir ein Fahrrad <u>kaufen</u>.
Futur (Versprechen):   Wir <u>werden</u> zusammen Fußball <u>spielen</u>.
Passiv: Mein Fußball <u>wurde</u> gerade <u>gestohlen</u>!

Gründe: „weil", „da", „wegen", „um ... zu" (§ 33c, § 33e)

Ich wandere nicht aus, <u>weil</u> ich Familie habe.
<u>Da</u> ich Familie habe, wandere ich nicht aus.
Ich wandere nicht aus, <u>wegen</u> meiner Familie hier.
Ich wandere aus, <u>um</u> bessere Berufschancen <u>zu</u> haben.

Genitiv bei „wegen" (THN 2, § 15)

Ich möchte <u>wegen des schlechten Wetters</u> auswandern.
Ich kann <u>wegen meiner Familie</u> nicht auswandern.

Lektion 10

Nach Übung

3

im Kursbuch

1. Ergänzen Sie.

U-Bahn Motorrad Cabrio Kutsche Hubschrauber Zug Fähre Lastwagen Raumschiff

a) Wenn man mit dem _____ verreisen will, geht man zum Bahnhof.
b) Als es noch keine Autos gab, reisten die Menschen in der _____ .
c) Ein Auto, bei dem man das Dach öffnen kann, nennt man _____ .
d) Unter der Erde fährt man mit der _____ .
e) Ein _____ ist ein Fahrzeug mit zwei Rädern.
f) Mit einem _____ kann man in den Weltraum fliegen.
g) Ein Schiff, das immer die gleiche Strecke hin- und zurückfährt, nennt man

_____ .

h) Ein _____ ist wie ein kleines Flugzeug, das wenig Platz zum Starten und Landen braucht.
i) _____ sind die größten Fahrzeuge auf der Autobahn und transportieren Waren.

Nach Übung

5

im Kursbuch

2. Welche Antwort passt zu welcher Frage?

a) Fliegt ein Hubschrauber schneller als ein Flugzeug?
b) Welches Verkehrsmittel ist am langsamsten?
c) Verreisen Sie gern mit einem Bus?
d) Was ist das älteste Verkehrsmittel?
e) Ist die Eisenbahn moderner als das Auto?
f) Fahren Sie lieber mit der U-Bahn als mit der Straßenbahn?
g) Womit vereisen Sie am liebsten?

A Ein Fahrrad, glaube ich.
B Nein, sie wurde einige Jahre früher erfunden.
C Entweder das Schiff oder die Kutsche; aber ich glaube, dass das Schiff älter ist.
D Ja, weil sie schneller ist.
E Mit meinem Auto, weil ich mich da nicht an Fahrpläne halten muss.
F Nein, ich finde das Zugfahren bequemer.
G Nein, er ist langsamer.

Nach Übung

7

im Kursbuch

3. Schreiben Sie die Sätze im Futur.

a) Bald fliegen die Menschen zum Mars.
   Bald werden die Menschen zum Mars fliegen.
b) Nächstes Jahr macht meine Tochter Abitur.

   _____

c) Ich fahre im nächsten Jahr nach Spanien.

   _____

d) Du schaffst die Prüfung ganz bestimmt.

   _____

e) Am Wochenende müssen wir die Wohnung putzen.

   _____

g) Morgen regnet es bestimmt.

   _____

4. Schreiben Sie die Präteritum-Sätze im Präsens, im Perfekt und im Futur.

Nach Übung

7

im Kursbuch

a) Ich fuhr mit dem Bus nach Hause.

   Ich fahre mit dem Bus nach Hause.

   Ich bin mit dem Bus nach Hause gefahren.

   Ich werde mit dem Bus nach Hause fahren.

b) Er kaufte ein neues Auto.

c) Wir holten die Kinder von der Schule ab.

d) Sie spielten zusammen Fußball.

e) Wo warst du an Weihnachten?

5. In welchen Sätzen ist „werden" ein eigenständiges Vollverb (A)? In welchen ein Hilfsverb, das das Futur bildet (B)?

Nach Übung

7

im Kursbuch

a) Heute werden die Menschen älter als früher.   A
b) Ich werde mir ein Fahrrad kaufen.   B
c) Von Schokolade wird mir schlecht.   ☐
d) Meine Tochter ist gestern krank geworden.   ☐
e) Ich werde eine Fremdsprache lernen.   ☐
f) Wenn er ein hübsches Mädchen sieht, wird er immer rot.   ☐
g) Eva wird in Amerika studieren.   ☐
h) Wir werden ihm ein spannendes Buch schenken.   ☐
i) Meine Schwester will Lehrerin werden.   ☐
j) Wenn wir nicht gleich essen, wird die Suppe kalt.   ☐
k) Plötzlich wurde das Wetter schlechter.   ☐
l) Ich werde meine Großmutter nie vergessen.   ☐

Lektion 10

Nach Übung

9

im Kursbuch

6. Ärger im Hotel. Jewells ein Satz ist keine Beschwerde. Welcher?

a) Das Bett ist viel zu hart.
Die Dusche ist schmutzig.
Die Toilette funktioniert nicht richtig.
Das Fenster lässt sich nicht öffnen.
Das Zimmer ist sehr gemütlich.
Das Licht ist kaputt.
Die Heizung wird nicht warm.

b) Das gefällt mir nicht.
Das mag ich nicht.
Das ist wundervoll.
Das stört mich.
Das geht mir auf die Nerven.
Das finde ich schrecklich.
Das ist nicht in Ordnung.

c) Bitte tun Sie etwas dagegen.
Finden Sie bitte eine Lösung.
Da müssen Sie etwas machen.
Bitte unternehmen Sie etwas.
Bringen Sie das bitte in Ordnung.
Das haben Sie sehr gut gemacht.
Das möchte ich geändert haben.

Nach Übung

10

im Kursbuch

7. Welcher Satz ist höflicher?

a) Ⓐ Ich habe ein Problem mit der Dusche in meinem Zimmer. Könnten Sie da bitte etwas tun?
Ⓑ Die blöde Dusche in meinem Zimmer funktioniert nicht. Tun Sie sofort etwas dagegen.

b) Ⓐ Was haben Sie mir eigentlich für einen Schlüssel gegeben? Der passt ja gar nicht!
Ⓑ Ich kann leider meine Zimmertür nicht öffnen. Könnte es sein, dass Sie mir aus Versehen einen falschen Schlüssel gegeben haben?

c) Ⓐ Wäre es vielleicht möglich, dass ich noch zwei Handtücher bekomme?
Ⓑ Es gibt hier zu wenig Handtücher im Bad. Bringen Sie mir gleich noch zwei.

d) Ⓐ Ich will ein anderes Zimmer haben. Das ist mir zu klein.
Ⓑ Ich habe eine Bitte. Es wäre sehr schön, wenn ich ein größeres Zimmer haben könnte.

e) Ⓐ Haben Sie noch nicht gemerkt, dass in meinem Zimmer der Fernseher kaputt ist?
Ⓑ Ich wollte nur sagen, dass mein Fernseher nicht funktioniert. Könnten Sie da etwas tun?

8. Was steht im Text? Richtig (r) oder falsch (f)?

Nach Übung

11

im Kursbuch

a) Urs schreibt, dass er nur deshalb so gerne Fahrrad fährt, weil er fit und
gesund bleiben will. ☐

b) Urs macht immer mit dem Fahrrad Urlaub , weil er sich kein Auto leisten kann. ☐

c) Urs fährt auch im Ausland mit dem Fahrrad. ☐

d) Urs hat die Erfahrung gemacht, dass man durch das Fahrradfahren viel mehr
mit Menschen in Kontakt kommt. ☐

e) Urs benutzt sein Fahrrad nur dann, wenn das Wetter schön ist. ☐

f) Urs meint, dass man leicht nervös wird, wenn man lange in der Natur
unterwegs ist. ☐

g) Urs fühlt sich frei und ungebunden, wenn er mit dem Fahrrad Urlaub macht. ☐

h) Urs ärgert sich nicht, wenn er beim Reisen einen Zug oder eine Fähre verpasst. ☐

9. Welcher Satz hat die gleiche Bedeutung?

Nach Übung

11

im Kursbuch

a) Ich bin viel mit dem Fahrrad unterwegs.
Ⓐ Ich fahre oft und gern Fahrrad.
Ⓑ Ich benutze mein Fahrrad nur auf Wegen.

b) Nur zu Fuß kann man ein Land erfahren.
Ⓐ Mit den Füßen kann man nur laufen und
nicht fahren.
Ⓑ Wenn man zu Fuß geht, lernt man über
ein Land am meisten.

c) Ich werde oft von Menschen angesprochen.
Ⓐ Es gibt Menschen, mit denen ich oft
reden möchte.
Ⓑ Es passiert häufig, dass Menschen mit
mir reden wollen.

d) Ich bin für das Spontane offen.
Ⓐ Ich lebe nicht nach einem festen Plan.
Ⓑ Ich habe Angst vor neuen Erfahrungen.

e) In der Natur bekomme ich eine innere
Ruhe.
Ⓐ Wenn ich in der Natur bin, will ich
meine Ruhe haben.
Ⓑ Ich werde innerlich ganz ruhig, wenn ich
in der Natur bin.

f) Mich kann nichts erschüttern.
Ⓐ Ich behalte immer die Ruhe.
Ⓑ Ich habe schlechte Nerven.

**10. Schreiben Sie die Sätze richtig. Achten Sie auf Groß- und Kleinschreibung, Punkte
und Kommas.**

Nach Übung

11

im Kursbuch

a) ichfahreamliebstenmitdemzugweildaseinsicheresverkehrsmittelist
Ich fahre _____

b) imurlaubwillichnurmeineruhehabendennmeinberufistsehranstrengend
_____

c) indenferienfahreichmeistensansmeerumzubadenundindersonnezuliegen
_____

d) imurlaubmöchteichkeinfestesprogrammhabensonderntunundlassenwasmirgefällt
_____

e) ichreisegernmitgutenfreundenweilgemeinsamallesvielmehrspaßmacht
_____

f) ichfindedassmaneinenurlaubgenauplanensolltedamitmandannnichtenttäuschtist
_____

Lektion 10

Nach Übung

12

im Kursbuch

11. Schreiben Sie die Sätze mit „weil" im Nebensatz.

a) Da ich kein Geld habe, wandere ich nicht aus.
   Ich wandere nicht aus, weil ich kein Geld habe.

b) Da meine Kinder noch zur Schule gehen, muss ich hier bleiben.
   Ich muss _____

c) Da ich hier sehr zufrieden bin, will ich nicht weggehen.
   _____

d) Da meine Großeltern in Australien leben, kann ich leicht auswandern.
   _____

e) Da ich noch studiere, fehlt mir das Geld zum Reisen.
   _____

Nach Übung

14

im Kursbuch

12. Ergänzen Sie.

a) (das Wetter / schlecht) Ich möchte wegen _des schlechten Wetters_ auswandern.

b) (meine Eltern / alt) Ich kann wegen _____ nicht weggehen.

c) (die Sprache / schön) Ich möchte wegen _____ in Frankreich leben.

d) (die Universitäten / gut) Ich möchte wegen _____ in England studieren.

e) (meine Freundin / neu) Ich werde wegen _____ nach Rom ziehen.

f) (meine Flugangst / groß) Ich kann wegen _____ nicht viel reisen.

Nach Übung

14

im Kursbuch

13. Schreiben Sie Nebensätze mit „um... zu".

a) Ich möchte ins Ausland gehen, (neue Fremdsprache lernen) _um eine neue Fremdsprache zu lernen._

b) Er ist ausgewandert, (neue Erfahrungen machen) _____

c) Sie lebt jetzt am Meer, (täglich baden können) _____

d) Wir sind durch Südamerika gereist, (Land und Leute kennen lernen) _____

e) Meine Schwester fliegt nach Kanada, (dort ein Jahr arbeiten) _____

f) Ich werde gleich meinen Chef anrufen, (meinen Job kündigen) _____

Nach Übung

17

im Kursbuch

14. Wer macht welchen Urlaub?

a) Wer macht Urlaub am Meer?
b) Wer fährt zum Wandern in die Berge?
c) Wer will Campingurlaub machen?
d) Wer will eine Woche in New York verbringen?
e) Wer fährt in den Skiurlaub?

A Peter F. fährt morgen in den Urlaub. Er holt seine Skier und seine Skischuhe aus dem Keller, packt seinen Skianzug ein und sucht vier Paar dicke Socken. Warme Unterwäsche muss er auch mitnehmen. Außerdem braucht er Handschuhe und einen Schal. Zum Schluss legt er noch zwei Mützen in seinen Koffer.

B Angelika M. will verreisen. Sie packt zwei Badeanzüge ein und einen Bikini, dazu zwei große Handtücher und fünf kleine. Sonnencreme und eine Sonnenbrille nimmt sie auch mit. Und Bücher darf sie nicht vergessen.

C Claudia B. packt für die Ferien ihren Rucksack. Sie braucht ihre Bergschuhe, zwei bequeme Hosen und dicke Kniestrümpfe. Auch an Regenkleidung denkt sie, falls das Wetter schlecht wird. Dann holt sie noch die Wanderkarten, die sie schon besorgt hat.

D Walter R. fährt mit dem Auto in Urlaub, weil er sehr viel mitnehmen muss. Zuerst bringt er sein Zelt in den Wagen und dann seinen Schlafsack und seine Luftmatratze. Er packt einige Lebensmittel ein, dazu einen Topf, eine Pfanne und Essgeschirr. Auch einen Gaskocher braucht er.

E Hartmut P. macht eine Flugreise. Er nimmt zwei Anzüge mit, fünf Hemden und zwei Krawatten. Dann packt er noch einen Schlafanzug ein und Unterwäsche. Den Reiseführer legt er nicht in den Koffer, weil er ihn im Flugzeug lesen will.

15. Was haben Sie im Urlaub gemacht?

Nach Übung

18

im Kursbuch

a) viele Bücher lesen
   Ich habe viele Bücher gelesen.

b) auf einen hohen Berg steigen
   Ich

c) im Meer baden

d) viel mit dem Fahrrad fahren

e) schöne Museen besichtigen

f) meinen Freunden Karten schreiben

16. Was sind typische Beschäftigungen im Urlaub (A)? Was macht man normalerweise nicht im Urlaub / in den Ferien (B)?

Nach Übung

19

im Kursbuch

a) mit einem Kollegen eine Arbeitssitzung vorbereiten ☐
b) für eine Prüfung lernen ☐
c) in der Sonne liegen ☐
d) morgens lange schlafen ☐
e) Büroarbeiten erledigen ☐
f) Texte kopieren ☐
g) dicke Bücher lesen ☐
h) stundenlang frühstücken ☐
i) eine Konferenz leiten ☐
j) jeden Tag ein anderes Restaurant ausprobieren ☐
k) an einer Arbeitssitzung teilnehmen ☐
l) Geschäftspartner treffen ☐
m) mit den Kindern am Strand Ball spielen ☐
n) jeden Abend in der Disco tanzen ☐
o) Schüler unterrichten ☐
p) Museen und Kirchen besichtigen ☐
q) Geld verdienen ☐
r) im Hotelpool baden ☐

Lektion 10

Nach Übung

19

im Kursbuch

17. Schreiben Sie einen kurzen Text über Ihren schönsten Urlaub.

– vor fünf (drei, zwei ...) Jahren
– in Griechenland, Spanien, den USA, Australien. ...
– zum Wandern, Schwimmen, Segeln, Tauchen, Reiten, ...
– mit meinem Freund, meinen Eltern, einer Freundin, meiner Schwester, ...
– mit dem Schiff, Auto, Flugzeug, ...
– für eine Woche, vierzehn Tage, vier Wochen, ...
– viel gesehen, erlebt, gelernt, ...
– Wetter, Klima
– oft / viel / gut geschwommen, gelaufen, geritten, getaucht, gegessen, geschlafen, getanzt, gelacht, gewandert, ...
– interessante / nette Leute, Menschen, Touristen,... kennen gelernt, getroffen, ...

Nach Übung

20

im Kursbuch

18. Ergänzen Sie.

Tourist	Ruhe	Urlaub	Strand	Koffer	Hotel	Flug	Klima	Reise	Freizeit

a) Man kann nur so viel mitnehmen, wie in den _____ passt.
b) Im letzten Jahr haben wir eine _____ durch die USA gemacht.
c) Dieses Jahr werde ich meinen _____ zu Hause verbringen.
d) Es war so heiß, dass man mittags nicht am _____ liegen konnte.
e) Als _____ sollte man nicht erwarten, dass man das gleiche Essen wie zu Hause bekommt.
f) Wir wohnen immer im gleichen _____, weil es direkt am Meer liegt.
g) Ich würde sehr gern mal Brasilien besuchen, aber ich glaube, dass ich das _____ nicht vertragen würde.
h) Ein _____ nach New York dauert nur sieben Stunden.
i) In meiner _____ sitze ich meistens vor dem Fernseher.
j) In den Ferien brauche ich kein Handy; da will ich meine _____ haben.

19. Ein Urlaubsgruß. Ergänzen Sie.

Strand	Restaurants	Türkei	Frühstück	Wetter	satt	Fisch

Tag   frisch   zufrieden   braun   zu Hause

Lieber Klaus,

ich bin jetzt schon seit einer Woche in der _____ . Das _____ ist herrlich und es hat
noch keinen _____ geregnet. Auch mit meinem Hotelzimmer bin ich sehr _____ .
Jeden Morgen gibt es ein tolles _____ und davon bin ich dann so _____, dass ich erst
abends wieder etwas esse. In der Nähe sind drei _____ , die alle sehr gut sind. Du
weißt ja, dass ich so gerne _____ mag. Der ist hier immer ganz _____, und deshalb habe
ich noch gar kein Fleisch bestellt. Natürlich gehe ich jeden Tag an den _____ . Ich bin
auch schon ziemlich _____ geworden. Du wirst es ja sehen, wenn ich wieder _____
bin.

Gruß und Kuss

Deine Maria

20. Wie war denn der Urlaub? Welche Antwort passt?

a) Wie war denn dein Urlaub?
b) Hast du dich gut erholt?
c) Hattest du gutes Wetter?
d) Warst du mit dem Hotel zufrieden?
e) Was hast du abends immer gemacht?
f) Hast du nette Leute kennen gelernt?
g) Hast du viel gebadet?
h) Wie war denn das Essen?
i) Wie lange hat der Flug gedauert?

A Sechs Stunden, aber es gab eine Zwischenlandung.
B Meistens war ich früh im Bett, weil ich vom Schwimmen müde war.
C Der war wirklich toll; es hat mir sehr gut gefallen.
D Viel zu gut; ich habe zwei Kilo zugenommen.
E Ja, es war richtig warm und nur einmal hat es geregnet.
F Ja. Ich hatte ein sehr schönes Zimmer mit einem Balkon.
G Ja viele, aber eigentlich wollte ich gar keinen Kontakt.
H Jeden Tag. Zum Meer waren es nur zehn Minuten zu Fuß.
I Sehr gut! Ich habe nicht ein einziges Mal an meine Arbeit gedacht.

Schlüssel

Lektion 1

1 **b)** *sich selbst vorstellen*:
Ich heiße ..., Mein Name ist ..., Ich bin ..., Ich bin der Freund von ..., Herzlich willkommen!
eine Person begrüßen:
Guten Tag! Guten Morgen! Guten Abend! Tag! Morgen! `n Abend! Hallo! Grüß Gott! Servus!
Ich begrüße Sie herzlich!
eine andere Person vorstellen:
Darf ich vorstellen? Das ist ..., Ich möchte Sie mit meinem Mann bekannt machen.; Darf ich dich mit Herrn Sommer bekannt machen? Ich möchte Ihnen meinen Mann vorstellen. Darf ich dir meinen Freund vorstellen? Das hier ist ..., Kennst du ...? Kennen Sie ...?
nach dem Befinden fragen:
Wie geht es Ihnen/dir/euch? Wie geht's Ihrem Mann / deiner Frau / (dem) Gerd / (der) Susi / zu Hause / deiner Familie? Was macht dein Mann / Susanne / die Familie?

2 **b)** **A:** Lutz zieht sich an, ... freut sich, ... verliebt sich, ... regt sich auf, ... ruht sich aus, ... stellt sich vor, ... ärgert sich, ... setzt sich, ... langweilt sich, ... beschwert sich, ... meldet sich an, ... entschuldigt sich, ... zieht sich um, ... beeilt sich.
B: Lutz und Doris küssen sich, ... winken sich zu, ... einigen sich, ... stellen sich vor, ... treffen sich, ... lieben sich, ... begrüßen sich, ... umarmen sich, ... ärgern sich.
C: Lutz zieht Doris an, ... küsst Doris, ... regt Doris auf, ... stellt Doris vor, ... ärgert Doris, ... trifft Doris, ... langweilt Doris, ... liebt Doris, ... meldet Doris an, ... entschuldigt Doris, ... begrüßt Doris, ... umarmt Doris, ... regt Doris auf, ... winkt Doris zu.

3 **a)** Die Leute/Sie, sich **b)** Ich, mich **c)** Frau Lorenz/Sie, sich **d)** Er, sich **e)** Ich mich **f)** Wir, uns **g)** ihr euch **h)** sich, sich **i)** dich, sich, sich, uns, euch, sich

4 **a)** mir **b)** sich **c)** sich **d)** sich **e)** dir **f)** euch **g)** sich **h)** dir, sich, sich, uns, euch, sich

5 **a)** seinen/seine; unseren/unsere; seinen/seine **b)** ihre, ihrer; seine, seiner; unsere, unserer; seine, seiner **c)** ihre, ihrem; seine, seinem; unsere, unserem; seine, seinem **d)** dein, Ihr, sein/ihr, unser, euer, ihr

6 **a)** Man steht sich sehr nah gegenüber und schaut sich in die Augen. Man beugt den Kopf leicht nach vorne und berührt sich mit den Nasenspitzen und der Stirn.
b) Man stellt sich nicht zu nahe gegenüber. Man steht mit geradem Oberkörper und lässt die Arme herabhängen. Dann verbeugt man sich mit 45 Grad.

7 **b)** alle/jeden/einen **c)** grüßen alle, grüßt jeder, grüßt man **d)** **Dat:** allen, jedem, einem; **Akk:** alle, jeden, einen

8 **a)** Verzeihung; (es) tut mir (wirklich) (sehr) Leid.
b) Es ist nicht in Ordnung, ...; Es ist (einfach) unmöglich, ...
c) Das geht zu weit. Das reicht (jetzt).
d) Könnten Sie bitte ...?
e) grässlich, schrecklich
f) Ich fordere; Ich wünsche ...
g) Es ist nicht gestattet ..., Es ist untersagt ...
h) Meinetwegen.; Von mir aus.
i) Das stimmt, dürfte; Das ist alles richtig, könnte
j) Das geht Sie nichts an. Das ist meine Sache.

9 2 C, 3 C, 4 C, 5 A , 6 A, 9 C, 10 B, 11 C, 12 B, 13 C, 14 C, 15 A, 16 A, 17 C, 18 E, 19 C, 20 C, 21 E, 22 C, 23 C, 24 A, 25 F, 26 C, 27 D, 28 A, 29 E, 31 C, 32 A, 33 B, 34 E, 35 C, 36 A, 37 C, 39 C, 41 B, 42 C, 43 E, 44 C, 46 C, 47 A, 48 E, 49 E, 50 F

10 **a)** 3, 5, 8, 9, 10, 11, 13, 15, 16, 19, 21, 23, 25, 29, 30, 35, 36, 37, 38, 40, 42, 43, 45, 46
b) 4, 6, 7, 12, 14, 17, 18, 20, 22, 24, 26, 27, 28, 31, 32, 33, 34, 39, 41, 44, 47, 48, 49, 50

11 Lösungsvorschlag:
b) Maria ist ein Frauenname und geht zurück auf das hebräische Wort *mirjam*. Das bedeutet *rebellisch*. Maria war auch der Name der Mutter Christi. Aus Respekt vor dieser heiligen Person wurde er bis ins 15. Jahrhundert nicht verwendet. Der Name war früher schon sehr beliebt und ist es auch heute noch. In der ganzen Welt existieren viele verschiedene Formen dieses Namens.
c) Sophie, ein Frauenname, ist eine andere Form von Sophia. Das ist das griechische Wort für *Weisheit*. *Hagia Sophia* (übersetzt *Heilige Weisheit*) war im Altertum ein anderer Name für Christus und für die ganze Kirche. Daher auch der Name der berühmten Kirche Hagia Sophia in Konstantinopel, dem heutigen Istanbul. Sie wurde im 6. Jahrhundert gebaut und ist heute eine Moschee. Im 19. Jahrhundert war der Name Sophie sehr häufig, danach war er weniger verbreitet. Heute ist er allerdings wieder sehr beliebt.

12 b) zu den   **c)** mit einem   **d)** mit   **e)** mit (den)   **f)** für   **g)** über die   **h)** mit   **i)** mit   **j)** nach einem   **k)** als   **l)** mit einer   **m)** über   **n)** von

13 A) a) an   **b)** auf   **c)** nach   **d)** auf   **e)** aus   **f)** für   **g)** auf   **h)** mit   **i)** über   **j)** auf   **k)** über   **l)** mit   **m)** auf   **n)** nach   **o)** vor   **p)** auf
B) an + A; auf + A; aus + D; mit + D; nach + D, über + A; vor + D; für + A

14 c) Davon   **d)** Von ihr   **e)** darum   **f)** um sie   **g)** Dafür   **h)** an sie   **i)** An sie   **j)** Vor ihm   **k)** Darüber   **l)** Über sie   **m)** über ihn   **n)** mit ihm

15 b) auf: Wir hoffen (darauf), dass wir am Wochenende besseres Wetter haben. Wir hoffen (darauf), am Wochenende besseres Wetter zu haben.
  c) gegen: Die Studenten protestieren dagegen, dass die Prüfungsordnung geändert wird.
  d) über: Julia und Daniel streiten sich (darüber), was der richtige Weg ist.
  e) mit: Wir beginnen morgen (damit), das Auto zu reparieren.
  f) an: Ich habe ihn daran erinnert, an den Termin zu denken.
  g) nach: Lukas hat mich (danach) gefragt, wie spät es ist.
  h) von: Daniel hat (davon) erzählt, was er in Moskau erlebt hat.
  i) über: Sophie hat sich (darüber) gefreut, dass Niklas angerufen hat.
  j) mit: Laura hat (damit) aufgehört zu rauchen.
  k) auf: Ich verlasse mich darauf, dass ihr mir helft.

16 a) glaube an + A   **b)** hoffe auf + A   **c)** interessiere mich für + A   **d)** kämpfe für/gegen + A   **e)** freue mich auf/über + A   **f)** weine über + A   **g)** ärgere mich über + A   **h)** träume von + D   **i)** rege mich auf über + A   **j)** ekele mich vor + D   **k)** fürchte mich vor + D   **l)** suche nach + D   **m)** habe immer Lust auf + A   **n)** lege großen Wert auf + A   **o)** vertraue auf + A   **p)** bemühe mich sehr um + A   **q)** zweif(e)le an + D   **r)** beschäftige mich gerne mit + D   **s)** erinnere mich gerne an + A   **t)** gebe gerne Geld aus für + A   **u)** höre nächste Woche auf mit + D

17 A) Person
a) bin   **b)** wohne/lebe   **c)** bin   **d)** bin   **e)** bin/komme   **f)** bin   **g)** habe   **h)** bin/komme   **i)** wohne/lebe   **j)** bin   **k)** bin   **l)** nennen
B) Familie
a) Tante, Schwester, Mutter, Schwiegermutter, Oma, Tochter   **b)** Bruder, Sohn, Onkel, Schwiegervater, Vater, Opa   **c)** Geschwister, Großeltern, Verwandten, Kinder
C) Beruf
a) der Transportbranche, einem Büro, einem Computergeschäft, einem Handwerksbetrieb, der Elektroindustrie, der Stadtverwaltung, einer Sprachschule, einer Papierfabrik, einer Elektrofirma, der Medienbranche, einem Theater   **b)** der Post, Unilever, der Firma Deister, Siemens   **c)** einem Theater   **d)** ohne Arbeit, nicht berufstätig, ohne Job   **e)** keine Arbeit, keinen Job, keine Stelle   **f)** eine Stelle, Arbeit, einen Job
D) Interessen
a) male, fotografiere, schwimme, koche, reise   **b)** spiele ... Fußball, höre ... Musik   **c)** Malen, Fußballspielen, Radfahren, Fotografieren, Schwimmen, Kochen, Reisen, Musik hören   **d)** (die) Oper, Politik, Fußball, Malerei, Computerspiele, Radsport, Musik, Autos, Tanz
E) Ausbildung
a) Elektrotechnik, Architektur, Maschinenbau, Kunst, Geschichte, Betriebswirtschaft
b) Koch, Bäcker, Pilot, Reiseführer, Automechaniker, Kellner, Taxifahrer, Schauspieler, Servicetechniker, Fotograf
c) Koch, Bäcker, Pilot, Reiseführer, Automechaniker, Kellner, Taxifahrer, Lehrer, Schauspieler, Servicetechniker, Fotograf
d) Fotografieren, Schwimmen, Deutsch, Programmieren

18 Inaam Wali
  ab) Sie wurde 1962 im Südirak geboren. Nach der Schule besuchte sie in Bagdad die Musikschule. Musik stand schon immer im Zentrum ihres Lebens.
  ac) Im Irak gab es nur wenige Sängerinnen. Die Eltern von Inaam sind aber auch Künstler. Sie haben sie verstanden und ihr geholfen.
  ad) Sie ging in die Musikschule und war Mitglied einer kleinen Gruppe von Sängerinnen und Sängern. Zusammen haben sie heimlich kritische Lieder gegen das Regime geschrieben und gesungen. Das bedeutete aber auch, dass sie immer Angst haben musste, verraten zu werden. An einem Tag wurde ein Mitglied der Gruppe verhaftet. Deshalb ist Inaam nach Deutschland geflohen.
  ae) Sie erinnert sich nicht gerne an die ersten Monate in Deutschland. Sie wohnte in einem Flüchtlingsheim. Die Zustände waren katastrophal. Es war eng, schmutzig, es gab dort viele Männer. Inaam hatte Angst. Doch sie hatte Glück. Sie wurde zwar nicht als Flüchtling anerkannt, aber durfte trotzdem bleiben.
  af) Heute studiert Inaam in Hamburg Musikwissenschaft. Ihren Lebensunterhalt verdient sie sich, indem sie am Wochenende in einem Schnellrestaurant arbeitet. Sie lebt gerne in Hamburg. Mit einigen anderen

Musikern organisiert sie Konzerte. Sie sind gut besucht und vor wenigen Wochen ist ihre erste CD erschienen. Weil die arabische Musik für westliche Ohren zu traurig und zu fremd klingt, verwendet die Gruppe in ihren Liedern westliche Jazz- und Pop-Elemente. Die Leute mögen das.

Raschid Benhamza

ba) Raschid Benhamza ist in Algerien in einem kleinen Dorf geboren. Er hat sieben Geschwister. Sein Vater ist früh gestorben, als Raschid drei Jahre alt war. Mit 13 Jahren verließ Raschid sein Heimatdorf und zog nach Algier, wo er zur Schule ging und sein Abitur machte.

bb) Nach dem Abitur ging Raschid nach Paris, wo er sich sein Informatikstudium selbst finanzierte. Kurz nach der Diplomprüfung lernte er seine Frau kennen, eine Deutsche. Heute sind sie verheiratet, leben in Köln und haben zwei Kinder.

bc) Raschid ist heute Spezialist für Bürokommunikation und Computer. Er lebt schon seit zwanzig Jahren in Deutschland. Trotzdem hat er immer noch sehr engen Kontakt mit Algerien. Er ist Mitglied in einem deutsch-algerischen Verein, der sich für kulturelle und soziale Projekte in seinem Heimatland engagiert.

bd) Als Kind ist Raschid mit drei Sprachen aufgewachsen: Berberisch, Französisch und Arabisch. Heute spricht er außerdem noch Deutsch und Englisch. Das Leben in verschiedenen Sprachen und Kulturen ist für ihn normal, er liebt es.

Lektion 2

1 **a)** Dachfenster **b)** Dach **c)** Fenster **d)** Balkon **e)** Terrasse **f)** Rasen **g)** Weg **h)** Eingangstür
i) Erdgeschoss **j)** 1. Etage **k)** Dachgeschoss **l)** Keller **m)** Küche **n)** Wohnzimmer **o)** Bad/Badezimmer
p) Toilette **q)** Treppe **r)** Tür **s)** Decke **t)** Boden **u)** Wand **v)** Garage

2 **a)** lang, hoch, komisch, dunkel, hübsch, niedrig, hässlich, modern, breit, groß, neu, alt, schräg
Metalldach, Spitzdach, Kunststoffdach, Holzdach
  b) eng, gemütlich, lang, ungepflegt, rund, hoch, hell, komisch, dunkel, hübsch, niedrig, hässlich, klein, modern, breit, groß, neu, alt, leer, mehrstöckig, modern/neu/gut eingerichtet, schön
Landhaus, Wohnhaus, Steinhaus, Luxushaus, Einfamilienhaus, Hochhaus, Gästehaus, Stadthaus, Holzhaus, Zweifamilienhaus, Reihenhaus, Mehrfamilienhaus
  c) rund, hoch, hell, geschlossen, komisch, verschlossen, dunkel, abgeschlossen, hübsch, niedrig, hässlich, klein, modern, breit, groß, neu, offen, alt, schmal, schön, schräg
Küchentür, Luxustür, Metalltür, Kellertür, Eisentür, Kunststofftür, Holztür, Wohnzimmertür
  d) lang, rund, hoch, hell, geschlossen, komisch, verschlossen, dunkel, hübsch, hässlich, klein, modern, breit, groß, neu, offen, alt, schön
Küchenfenster, Kellerfenster, Dachfenster, Kunststofffenster, Wohnzimmerfenster
  e) eng, gemütlich, lang, ungepflegt, gepflegt, rund, hübsch, hässlich, klein, modern, breit, groß, neu, alt, schmal, schön
Steingarten, Kindergarten, Stadtgarten
  f) lang, hoch, komisch, hübsch, flach, niedrig, hässlich, modern, breit, groß, neu, alt, schön, schräg, steil
Steintreppe, Luxustreppe, Metalltreppe, Kellertreppe, Eisentreppe, Kunststofftreppe, Holztreppe
  g) gemütlich, lang, rund, hoch, hell, geschlossen, bequem, komisch, verschlossen, dunkel, abgeschlossen, hübsch, hässlich, klein, aufgeräumt, modern, schmal, breit, groß, neu, offen, alt, leer, modern/neu/gut eingerichtet, schön
Wohnzimmer, Kinderzimmer, Gästezimmer, Schlafzimmer, Arbeitszimmer
  h) lang, hoch, hell, dunkel, breit, groß, schräg
Steinwand, Küchenwand, Kellerwand, Wohnzimmerwand
  i) hoch, hell, dunkel, niedrig, breit
Küchendecke, Kellerdecke, Holzdecke, Wohnzimmerdecke

3 **a)** mieten, bauen, einrichten, vermieten, renovieren, abschließen, aufschließen, reinigen
  b) reparieren, zumachen, öffnen, schließen, aufmachen, aufschließen, abschließen, reinigen
  c) mieten, aufräumen, einrichten, renovieren, abschließen, reinigen
  d) reparieren, bauen, runter-/hinuntergehen, reinigen

4 Es hat ein Dach, einen Balkon, eine Terrasse, einen Eingang, eine Garage, ein Erdgeschoss, eine 1. Etage, ein Dachgeschoss, Fenster, Dachfenster, einen Rasen, eine Eingangstür, einen Keller, eine Küche, ein Wohnzimmer, ein Bad/Badezimmer, eine Toilette, eine Treppe, Decken, Böden, Wände, Türen

5 **(a)** auf dem **(b)** an einer **(c)** außerhalb des **(d)** auf einer **(e)** Im **(f)** hinter dem **(g)** darin **(h)** neben dem
(i) davon **(j)** darauf **(k)** Hinter dem **(l)** darin **(m)** neben dem **(n)** darunter **(o)** daran **(p)** davor

6 **Dorf:** Ruhe, Ort, Gegend, Garten, Wald, Bauernhaus, Feld, Landstraße, Gebirge, Wiese, Land
Stadt: Lärm, Theater, Parkhaus, Vorort, Park, Ampel, Industriegebiet, Hochhaus, Kaufhaus, Tiefgarage, Stau, Kino, Viertel, Verkehr, U-Bahn, Zentrum

8 A) **a)** gute, schlechte, tolle, fantastische, attraktive, unattraktive **b)** große, kleine, gute, schlechte, tolle, fantastische **c)** gute, schlechte, tolle **d)** schreckliche, furchtbare **e)** große, starke, schreckliche, furchtbare **f)** starke, schreckliche, furchtbare **g)** hohe, niedrige, furchtbare, schreckliche **h)** schreckliche, furchtbare **i)** schreckliche, furchtbare **j)** starke, schwache, schreckliche, furchtbare **k)** große, tolle, fantastische, furchtbare **l)** hohe, niedrige, schreckliche, furchtbare

B) freie Lösung

9 A) **b)** Billighaus = Haus **c)** Hochhaus = Haus **d)** Privathaus = Haus **e)** Hartholz = Holz **f)** Frischgemüse = Gemüse **g)** Kurzreise = Reise **h)** Fertighaus = Haus

B) **b)** Heimatland = Land **c)** Traumhaus = Haus **d)** Jobsuche = Suche **e)** Klassenzimmer = Zimmer **f)** Reihenhaus = Haus **g)** Geburtsjahr = Jahr **h)** Eingangstür = Tür

C) **b)** Einkaufszettel = Zettel **c)** Kochbuch = Buch **d)** Parkplatz = Platz **e)** Prüfgerät = Gerät **f)** Fahrschule = Schule **g)** Schreibtisch = Tisch **h)** Badehose = Hose

10 Papier: Altpapier, Druckerpapier, Geschenkpapier, Schreibpapier, Millimeterpapier, Zeitungspapier, Packpapier, Toilettenpapier, Kopierpapier
Maschine: Bohrmaschine, Nähmaschine, Kaffeemaschine, Schreibmaschine, Waschmaschine, Küchenmaschine, Spülmaschine
Zimmer: Badezimmer, Esszimmer, Gästezimmer, Kinderzimmer, Wohnzimmer, Schulzimmer, Wartezimmer, Raucherzimmer, Schlafzimmer
Schuhe: Arbeitsschuhe, Badeschuhe, Hausschuhe, Kinderschuhe, Lederschuhe, Tanzschuhe, Wanderschuhe, Sommerschuhe, Winterschuhe, Sportschuhe
Tür: Aufzugstür, Autotür, Glastür, Drehtür, Küchentür, Haustür, Kühlschranktür, Schultür, Wohnungstür, Balkontür, Toilettentür, Schranktür
Buch: Arbeitsbuch, Bilderbuch, Gästebuch, Computerbuch, Kinderbuch, Kochbuch, Wörterbuch, Taschenbuch, Telefonbuch, Schulbuch

11 Was hat Sie dazu gebracht? c)
Und das hatte offenbar seine Vorteile. d)
Was ist nun so schlecht daran? h)
Was macht diese Riesenstädte für Menschen so attraktiv? a)
Was zum Beispiel? g)
Was unterscheidet ...? e)
Möchten Sie, dass ...? b)

12 b) etwa, rund, über, ungefähr, etwas mehr als, mehr als **c)** mehr als **d)** zirka, unter, etwas weniger als, rund, fast, ungefähr, weniger als, etwa **e)** weniger als

13 c) Je höher die Schulbildung der Leute ist, desto besser finden sie das Stadtleben.
d) Je älter ein Haus ist, desto mehr Reparaturen sind notwendig.
e) Stadtmenschen sprechen schneller als Landmenschen.
f) In den letzten 100 Jahren hat sich mehr verändert als in den 7900 Jahren davor.
g) Je größer die Städte werden, desto höher ist die Kriminalität.

14 B) **b)** des Volkes **c)** der Stadt / meiner Stadt **d)** der Unterschicht **e)** des Hauses / meines Hauses **f)** der Bürger **g)** des Konflikts / ihres Konflikts **h)** der Wohnung / ihrer Wohnung **i)** eines Sportplatzes **j)** einer Kleinstadt **k)** der Eltern / eurer Eltern **l)** des Hochhauses / Ihres Hochhauses **m)** des Stadtmenschen

C) **Sg.:** eines Flugplatzes, der Kirche, einer Kirche, des Parkhauses, eines Parkhauses
Pl.: der Flugplätze, von Flugplätzen, der Kirchen, von Kirchen, der Parkhäuser, von Parkhäusern
alle: aller Flugplätze, aller Kirchen, aller Parkhäuser
von: von Flughäfen, von Kirchen, von Parkhäusern

15 b) keiner **c)** ganz wenige **d)** nur wenige **e)** die wenigsten **f)** kaum jemand **g)** wenige **h)** nur ein paar **i)** die Minderheit **j)** niemand **k)** nur ein kleiner Teil **l)** einige **m)** fast alle **n)** ziemlich viele **o)** die meisten **p)** die Mehrheit **q)** sehr viele **r)** jeder **s)** alle **t)** viele **u)** ein großer Teil

16 a) Hotel **b)** Sprechstunde **c)** Parkverbot **d)** Bäckerei **e)** Kirche **f)** Platz

17 b) Das Haus darf nicht abgerissen werden.
c) Das Haus soll renoviert werden.
d) Der Bau kann nicht verboten werden.
e) Der Bau des Hauses muss von der Stadt erlaubt werden.
f) Die Küche soll modernisiert werden.
g) Das Kulturzentrum darf nicht geschlossen werden.

Schlüssel

18 **a)** Man hat mir gesagt, Man erzählt, Man sagt – Ist das wahr? Ist das richtig? Ist das sicher?
   b) Können Sie mir sagen, Haben Sie Informationen
   c) Ist es sicher, Ist es wahr, Stimmt es
   d) Planen Sie, Haben Sie den Plan, Haben Sie die Absicht

19 **a)** abgerissen **b)** Eine Glühbirne wird gewechselt **c)** Ein Bad wird renoviert. **d)** Eine Garage wird gebaut.
   e) Eine Terrasse wird gereinigt. **f)** Ein Fenster wird eingebaut. **g)** Ein Waschbecken wird ausgebaut.
   h) Ein Regal wird aufgebaut. **i)** Eine Heizung wird repariert.

20 wirst eingeladen, werden eingeladen, wird eingeladen, werden eingeladen, werdet eingeladen, werden eingeladen
   sollst eingeladen werden, sollen eingeladen werden, soll eingeladen werden, sollen eingeladen werden, sollt
   eingeladen werden, sollen eingeladen werden

21 a, b, d, h, o, p, r, t

22 **a)** Radio **b)** Schreibtisch **c)** Spiegel **d)** Bett **e)** Wohnung

23 **a)** Übernachtung **b)** Küche **c)** Bücherregal **d)** Esstisch **e)** Wäschetrockner **f)** Bett **g)** sitzen **h)** kochen

24 **a)** 4 **b)** 6 **c)** 3 **d)** 7 **e)** 8 **f)** 1 **g)** 10 **h)** 2 **i)** 5 **j)** 9

Lektion 3

1 **a)** laufen/joggen **b)** Rad fahren **c)** Billard spielen **d)** wandern **e)** malen **f)** Tennis spielen **g)** nähen
   h) lesen **i)** feiern **j)** tanzen **k)** Golf spielen **l)** im Garten arbeiten **m)** reiten **n)** Karten spielen
   o) schwimmen **p)** Picknick machen **q)** fernsehen **r)** Ski fahren **s)** segeln **t)** fotografieren **u)** Fußball
   spielen **v)** Camping machen **w)** angeln **x)** Schach spielen **y)** surfen

2 **b)** weil es den Kindern Spaß macht. – wegen der Kinder.
   c) weil lautloses Fliegen ein tolles Gefühl ist. – wegen des tollen Gefühls beim lautlosen Fliegen.
   d) weil er gesund bleiben und gut aussehen möchte. – um gesund zu bleiben und gut auszusehen. – wegen
   der Gesundheit und des guten Aussehens.
   e) weil sie Ballspiele liebt. – wegen ihrer Liebe zu Ballspielen.
   f) weil sie ihre Ruhe haben will. – um sich von ihrer anstrengenden Arbeit erholen zu können.

3 **a)** Hast du am Wochenende frei? – Was machst du am Wochenende?
   b) Gibt es etwas Besonderes? – Warum fragst du?
   c) Am Freitag beginnt das Filmfestival. Wir könnten uns ein paar Filme anschauen. – Samstag ist das Sommerfest meines Fitness-Studios. Kommst du mit?
   d) Gute Idee, abgemacht! – Ich hätte schon Lust, aber ich weiß noch nicht, ob ich kann. – Ich würde gerne,
   aber es kommt darauf an, ob ich frei habe. – Oh ja, das ist eine gute Idee. Das machen wir. – Prima Idee,
   aber ich kann nicht versprechen, ob ich Zeit habe.
   e) Ich möchte schon, aber ich bin leider am Wochenende nicht da. Tut mir Leid, aber ich habe leider keine
   Zeit.

4 **a)** 1, 5, 2, 4, 3 **b)** 1, 4, 2, 3, 5 **c)** 1, 4, 3, 5, 2

5 **a)** findet ... statt **b)** ist ... ganz gefüllt **c)** sind ... zu Ende **d)** habe ich nicht den Mut **e)** sind bei einem
   Klub Mitglied geworden **f)** dafür sorgen, fit zu bleiben **g)** klappt **h)** bin ... unterwegs

6 **a)** schwimmen **b)** fahren **c)** Schwimmbad **d)** (Tennis)Turnier **e)** verlieren **f)** Mannschaft/Team
   g) Verein/Klub **h)** Tore

7 **A** e **B** d **C** a **D** c **E** b **F** f

8 **a)** Die Fitness- und Wellnesswelle wird in Deutschland immer populärer.
   b) Thema des Liedes ist eine ironische Kommentierung des Leistungssports.
   c) Man hat Jazz-Gymnastik nicht akzeptiert.
   d) Die Sportvereine vermittelten immer den Eindruck, dass Sport Arbeit, Anstrengung, Schweiß und
   Muskelkater bedeutet.
   e) Warum war Jane Fonda so erfolgreich? Weil sie den Menschen klarmachen konnte: Sport macht Spaß.
   Sport ist modisch. Sport ist in.
   f) finden die meisten Leute nicht negativ.
   g) Teure Sportartikel sind heute nichts Besonderes.
   h) Die feste Mitgliedschaft in den Klubs führt dazu, dass für manche das Fitness-Studio zur zweiten Wohnung wird.
   i) Die großen Studios binden die Leute mit einem umfassenden Freizeitprogramm.
   j) ist sehr wichtig.

k) auf die Gesundheit geachtet?

l) Erkrankungen, die auf ein falsches Training zurückgehen, werden häufiger.

9 **Sie:**

b) Ich rate Ihnen, ins Fitness-Studio zu gehen. Gehen Sie ins Fitness-Studio. Sie sollten ins Fitness-Studio gehen. Sie müssen ins Fitness-Studio gehen.

c) Ich rate Ihnen, auf die Gesundheit zu achten. Achten Sie auf die Gesundheit. Sie sollten auf die Gesundheit achten. Sie müssen auf die Gesundheit achten.

d) Ich rate Ihnen, nicht zu viel Krafttraining zu machen. Machen Sie nicht zu viel Krafttraining. Sie sollten nicht zu viel Krafttraining machen. Sie dürfen nicht zu viel Krafttraining machen.

e) Ich rate Ihnen, die Sportarten zu wechseln. Wechseln Sie die Sportarten. Sie sollten die Sportarten wechseln. Sie müssen die Sportarten wechseln.

Du:

b) Ich rate dir, ins Fitness-Studio zu gehen. Geh ins Fitness-Studio. Du solltest ins Fitness-Studio gehen. Du musst ins Fitness-Studio gehen.

c) Ich rate dir, auf die Gesundheit zu achten. Achte auf die Gesundheit. Du solltest auf die Gesundheit achten. Du musst auf die Gesundheit achten.

d) Ich rate dir, nicht zu viel Krafttraining zu machen. Mach nicht zu viel Krafttraining. Du solltest nicht zu viel Krafttraining machen. Du darfst nicht zu viel Krafttraining machen.

e) Ich rate dir, die Sportarten zu wechseln. Wechsle die Sportarten. Du solltest die Sportarten wechseln. Du musst die Sportarten wechseln.

10 **a)** ein seltsames Paar. Er ist Triathlet und Gewinner des „Ironman"-Triathlon auf Hawaii, sie ist die weltbeste Langstreckenschwimmerin. Sie sehen sich selten, weil sie nicht zusammen wohnen. Peggy wohnt in Ostdeutschland, und Thomas wohnt 800 Kilometer entfernt in Westdeutschland.

b) Die beiden treffen sich beim Training, fahren zusammen zu Wettkämpfen und trainieren gerne zusammen. Beim Schwimmtraining ist Peggy immer die Schnellste.

c) Der Terminkalender bestimmt das Leben der beiden Sportler, die sich in Italien in einem Trainingslager kennen gelernt haben. Beide waren gleich begeistert voneinander und bewunderten sich gegenseitig wegen ihrer Leistungsfähigkeit.

d) Peggy ist sehr erfolgreich. In Südamerika hat sie in vier Wochen vier Wettkämpfe gewonnen. Deshalb ist sie auch in Südamerika ein Star, aber nicht in Deutschland.

e) Einmal hat Peggy verloren, weil ihr Begleitboot defekt war. Deshalb konnte sie nicht trinken und musste aufgeben. Eigentlich wollte sie die Saison beenden, aber sie machte weiter. Alle folgenden Rennen hat sie gewonnen.

11 **a)** am Morgen, am Abend, am Nachmittag, am nächsten Wochenende, am Montag, am Anfang der Woche, am Ende des Jahres, an Ostern, am nächsten Tag, am Jahresende, am Vormittag, am 1. Januar 2003, in der Nacht, in der nächsten Woche, in den Ferien, in der Pause, im Sommer, im August, 1985, im Jahr(e) 1985, in den letzten Tagen, im 20. Jahrhundert, im Moment, im Augenblick

b) während des Trainings, im Training, beim Training; während des Wettkampfs, im Wettkampf, beim Wettkampf; während des Studiums, im Studium; während der Diskussion, in der Diskussion; während der Reise, auf der Reise; während der Tour, auf der Tour; während der Hochzeit, bei der Hochzeit, auf der Hochzeit; während des Konzerts, beim Konzert, im Konzert; während der Arbeit, bei der Arbeit, in der Arbeit; während des Radfahrens, beim Radfahren; während des Interviews, beim Interview, im Interview; während des Essens, beim Essen; während der Pause, in der Pause; während der Ferien, in den Ferien; während des Urlaubs, im Urlaub; während der Schulzeit, in der Schulzeit

c) vor, Nach, vor, nach, vor, Nach

d) seit, Seit, bis, Ab dem, bis, ab

e) am, seit, um, nach, vor

f) ab, bis, während, an, in, während, am

g) der, dem, den -n

dem, der, dem, den -n

dem, der, dem, den -n

im (in dem), der, im (in dem), den -n

dem/des -s, der, dem, den -n/der

am (an dem), –, am (an dem), den -n

beim (bei dem), der, beim (bei dem), den

dem, der, dem, –

12 **a)** fast zwei Wochen **b)** etwa zwei Wochen **c)** genau zwei Wochen **d)** gut zwei Wochen, über zwei Wochen **e)** ein paar Wochen, mehrere Wochen **f)** viele Wochen, wochenlang

13 **a)** fahren **b)** Schwimmbad **c)** kilometerlang **d)** in Wien sein **e)** Urlaub **f)** Schwimmer **g)** singen **h)** Stück **i)** viele Tage **j)** Ziel **k)** Fluss

14 **d)** etwas Neues **e)** nichts Anstrengenderes **f)** etwas Schlimmes **g)** etwas Lustiges **h)** nichts Langweiligeres **i)** etwas ... Normales **j)** etwas ... Wichtiges

Schlüssel

15 keine sportliche Kleidung. Er findet die vielen Freizeitsportler lächerlich. Er trägt keine spezielle Fahrradkleidung und sieht nicht sportlich aus. Der Autor besitzt nur ein billiges, einfaches Fahrrad, kein Sportfahrrad und hat beim Kauf nur nach dem Preis gefragt. Er fährt Fahrrad nur zum Vergnügen, nicht um Sport zu treiben. Er ist völlig unsportlich, möchte gemütlich leben und mag keinen Sport.

16 **a)** außen **b)** spielen **c)** leicht **d)** Motorrad **e)** Metzger/Fleischer **f)** Verkäufer **g)** Schuhe **h)** Wald **i)** gewinnen **j)** Hose **k)** irgendwann **l)** Lad **m)** Nase **n)** Rücken **o)** Gewicht **p)** billig

17 **a)** spezielle, normale spezielles, normales speziellen, normale **b)** sportliche, sportliches, sportliche sportliche, sportliches, sportliche **c)** -en, -e, -e, -en **d)** -en, -en, -en, -en

18 **c)** Peggy will im Training unbedingt schneller schwimmen als Thomas.
d) Peggy will im Training unbedingt eine schnellere Schwimmerin sein als Thomas.
e) Peggy ist in Südamerika bekannter als in Europa.
f) Peggy ist in Südamerika eine bekanntere Sportlerin als in Europa.
g) Peggy und Thomas wollen immer besser sein als ihre Konkurrenten.
h) Thomas ist älter als Peggy.
i) Thomas ist beim Radfahren besser als beim Schwimmen.
j) Peggy hat mehr Wettkämpfe gewonnen als Thomas.

19 **b)** Peggy ist die beste Langstreckenschwimmerin. Peggy ist im Langstreckenschwimmen am besten.
c) Ich will das billigste Fahrrad kaufen. Mein Fahrrad ist am billigsten.
d) Thomas hat den härtesten Triathlon-Wettkampf gewonnen. Der „Ironman" ist der härteste Triathlon-Wettkampf.

20 **a)** Würdest du bitte etwas langsamer sprechen? Könntest du bitte etwas langsamer sprechen?
b) Hätten Sie Lust, am Wochenende eine Radtour zu machen? – Hättest du Lust, am Wochenende eine Radtour zu machen?
c) Würden Sie bitte das Auto in die Garage fahren? Könnten Sie bitte das Auto in die Garage fahren? – Würdest du bitte das Auto in die Garage fahren? Könntest du bitte das Auto in die Garage fahren?
d) Dürfte ich bitte 10 Minuten vor Ihrer Einfahrt parken? – Dürfte ich bitte 10 Minuten vor deiner Einfahrt parken?
e) Würden Sie bitte etwas leiser sein? Könnten Sie bitte etwas leiser sein? – Würdest du bitte etwas leiser sein? Könntest du bitte etwas leiser sein?

21 **a)** Ich würde mit meinem Mobiltelefon die Polizei anrufen. Ich würde laut um Hilfe schreien. Ich würde weglaufen.
b) Ich würde sofort nach Hause fahren und mich umziehen. Ich würde auf der Feier bleiben. Ich würde nach einer Stunde die Feier verlassen. Ich würde mich mit Kopfschmerzen entschuldigen und nach Hause gehen.
c) Ich würde eine Insel kaufen. Ich würde nie wieder arbeiten. Ich würde geizig werden. Ich würde weiterleben wie bisher.

22 Lösungsvorschlag:
a) würde ich eine Weltreise machen.
b) würde er sterben.
c) würde ich mehr Sport treiben.
d) wir keine Kinder hätten, dann hätten wir mehr Geld.
e) Wenn ich der Chef wäre, dann bekäme jeder Angestellte 10 Wochen Urlaub im Jahr.
f) Wenn Peggy nicht jeden Tag trainieren würde, dann würde sie keine Wettkämpfe gewinnen.
g) Wenn Olga und Viktor besser Deutsch sprechen könnten, dann hätten sie in der Schule bessere Noten.
h) Wenn du mehr Sport treiben würdest, dann wärst du gesünder.
i) Wenn ihr frei entscheiden dürftet, dann würde jeder die Prüfung bestehen.
j) Wenn ich nachts arbeiten müsste, dann müsste ich tagsüber schlafen.

23 würdest helfen, könntest kommen, dürftest bleiben, hättest Angst, wärst geizig
würden helfen, könnten kommen, dürften bleiben, hätten Angst, wären geizig
würde helfen, könnte kommen, dürfte bleiben, hätte Angst, wäre geizig
würden helfen, könnten kommen, dürften bleiben, hätten Angst, wären geizig
würdet helfen, könntet kommen, dürftet bleiben, hättet Angst, wäret geizig
würden helfen, könnten kommen, dürften bleiben, hätten Angst, wären geizig

Lektion 4

1 **a)** **morgens:** aufstehen, aus dem Haus gehen, das Haus verlassen, frühstücken, duschen, sich die Zähne putzen, sich anziehen, sich rasieren, wach werden, zur Arbeit gehen

b) abends: ausgehen, ein Buch lesen, ins Bett gehen, fernsehen, mit Freunden telefonieren, sich die Zähne putzen, nach Hause kommen, sich ausziehen, zu Abend essen

2 a) Traum b) möglich c) hart d) kalt e) müde f) zu Hause g) genau h) Nacht i) objektiv j) kurz k) nie l) früh m) Bruder n) schreiben o) schnell p) einschlafen q) gleich r) zusammen s) Geist t) verschieden u) Abendessen v) lustig w) Kinder x) innen y) offen

3 a) Zuerst b) Dann c) Danach d) Zuletzt e) Schließlich / Zum Schluss

4 a) abends, sonntagnachmittags, mittwochs, montags, nachmittags, morgens, vormittags, wochentags
b) am Mittwochvormittag, gestern, am Sonntag, morgen, morgen Abend, übermorgen, um 7 Uhr, am Nachmittag, Montagabend
c) häufig, manchmal, oft, selten, nie

5 a) mir b) mich c) dir d) dich e) sich f) sich g) uns h) uns i) euch j) euch k) sich l) sich

6 ich: mich, mir; du: dich, dir; er/sie/es: sich, sich; wir: uns, uns; ihr: euch, euch; sie: sich, sich

7 a) Au/Oh ja! – Das wäre gut/prima/schön/toll/ ... – Ja, gern! – Klar! – Mit Vergnügen! – Prima!/Fein!/Toll!/Klasse!
b) (Es) tut mir Leid, aber ... – Ich möchte schon, aber ... – Das geht nicht, weil ... – Ich kann leider ... nicht. – Ich würde gerne ..., aber ...
c) Ich kann mich noch nicht entscheiden – Ich kann/will nichts versprechen. – Ich muss mir das überlegen. – Ich weiß noch nicht, ob/wann ... – (Ich werde) mal sehen, ob ... – Ich kann noch nicht sagen, ob/wann ...

8 b) in das c) in der d) in/mit der e) an dem f) auf dem g) mit dem h) in der i) in dem

9 b) Man isst mit geschlossenem Mund. – mit geschlossenem Mund gegessen.
c) Man verwendet zum Kuchenessen Kuchengabel oder Löffel. Kuchen wird mit Kuchengabel oder Löffel gegessen.
d) Man hält das Weinglas am Stiel. Das Weinglas wird am Stiel gehalten.
e) Man stützt die Ellbogen beim Essen nicht auf den Tisch. Beim Essen wird der Ellbogen nicht auf den Tisch gestützt.
f) Man raucht nicht zwischen den Gängen. Zwischen den Gängen wird nicht geraucht.
g) Man rülpst nicht. Es wird nicht gerülpst.
h) Man faltet die benutzte Serviette nicht zusammen. Die benutzte Serviette wird nicht zusammengefaltet.
i) Man verlässt den Esstisch nicht, bevor die anderen ihre Mahlzeit beendet haben. Der Esstisch wird nicht verlassen, bevor die anderen ihre Mahlzeit beendet haben.

10 a) Suppe b) Gemüse c) Sahne d) Pilze e) Nudeln f) Essig g) Fisch h) geschnitten i) Limonade

11 a) links b) Henkel c) rauchen d) halten e) Ellenbogen f) Gänge g) süß h) essen i) Getränk j) spülen k) servieren

12 b) geschlossenem c) benutzte d) geschnittene e) gespülte f) gefaltete g) Gegrilltes, Gebratenes h) gewaschene

13 b) Wenn man langsamer isst, (dann) isst man weniger, um satt zu werden. Je langsamer man isst, desto weniger isst man, um satt zu werden.
c) Wenn man nervös und sensibel ist, (dann) isst man häufig mehr als notwendig. Je nervöser und sensibler man ist, desto häufiger isst man mehr als notwendig.
d) Wenn man sich nicht auf das Essen konzentriert, (dann) merkt man nicht, wie viel man isst. Je weniger man sich auf das Essen konzentriert, desto weniger merkt man, wie viel man isst.
e) Wenn man Fastfood isst, (dann) isst man meistens zu kalorienreich. Je mehr Fastfood man isst, desto kalorienreicher isst man.
f) Wenn man nicht zwischen den Mahlzeiten isst, (dann) hat man weniger Möglichkeiten, etwas zu essen. Je seltener man zwischen den Mahlzeiten isst, desto weniger Möglichkeiten hat man, etwas zu essen.
g) Wenn man Süßspeisen durch Obst ersetzt, (dann) kann man viele Kalorien sparen. Je häufiger man Süßspeisen durch Obst ersetzt, desto mehr Kalorien kann man sparen.

14 11, 8, 5, 14, 4, 17, 18, 16, 6, 12, 10, 3, 1, 9, 13, 2, 7, 15

15 b) schwer c) erinnern d) essen e) häufig f) Qualität g) langsam h) verschieden i) nervös j) negativ k) beruhigen l) immer m) fragen n) dick o) Ruhe

16 roh, scharf, süß, sauer, gebraten

17 a) 400 g Kartoffeln, 3 Esslöffel süße Sahne, 50 g geriebenen Käse und 1 Beutel Knorr Kartoffelgratin.
b) wäscht man die rohen Kartoffeln und schneidet sie in Scheiben.

Schlüssel

c) Dann den Inhalt des Beutels in einen Topf mit 350 ml Wasser einrühren. Geben Sie dann die Kartoffeln dazu.
d) Kochen Sie alles 3 Minuten lang bei schwacher Hitze.
e) Geben Sie alles in eine flache feuerfeste Schüssel und streuen Sie geriebenen Käse darüber.
f) Schieben Sie die Schüssel in den Backofen und backen Sie sie 30–40 Minuten lang bei 200 Grad.

18 a) schlaflos b) arbeitsfrei c) appetitlos d) zuckerreich e) kalorienreich f) alkoholfrei g) arbeitslos
h) geschmacklos i) arbeitsreich j) abwechslungsarm k) abwechslungsreich l) kalorienarm
m) zuckerarm n) alkoholarm

19 Er, ihn, ihn, ihn, er, sie, es, sie, sie, es

20 ~~unbekannten~~ populären, ~~schlecht~~ gut, ~~allen~~ vielen, ~~Kindern~~ Erwachsenen, ~~selten~~ regelmäßig, ~~Erwachsene~~ Kleinkinder, ~~Nachteil~~ Vorteil, ~~Geschirr~~ Besteck, ~~schneidet~~ beißt, ~~kalt~~ heiß, ~~Brot~~ Brötchen, ~~hart~~ weich, ~~Trinken~~ Essen, ~~Gemüse~~ Fleisch, ~~Öl~~ Fett, ~~liegt~~ steht, ~~sehen~~ hören, ~~Suppe~~ Soße, ~~sinkt~~ steigt, ~~gehen~~ laufen, ~~gegrillt~~ getoastet, ~~starker~~ milder, ~~Ohren~~ Nase, ~~Bier~~ Wasser, ~~hungrig~~ satt, ~~schon~~ erst, ~~niemand~~ jeder, ~~Teile~~ Zutaten, ~~nass~~ trocken, ~~trotz~~ wegen, ~~getrennt~~ gemeinsam, ~~Tomate~~ Gurke, ~~weniger~~ mehr

Lektion 5

1 a) defekte Kopierer, Faxgeräte und Drucker. Normalerweise fahre ich zu den Kunden und mache dort die Reparaturen, aber manchmal muss ich das Gerät mit in die Werkstatt nehmen, wo ich alles auseinander baue. Die Betriebsprogramme und die mechanische Technik muss ich natürlich beherrschen.
b) Als Touristikmanager bin ich für Marketing- und Managementaufgaben zuständig. Ich arbeite in einer Tourismuszentrale, wo ich vor allem Angebote plane und kalkuliere und mich um die Internetseiten kümmere.
c) Ich arbeite als Pharmareferentin im Außendienst. Ich besuche regelmäßig Ärzte in ihren Praxen und stelle ihnen neue Medikamente vor. Ich spreche auch mit den Ärzten über ihre Erfahrungen und organisiere Fachtagungen.

2 b) Obwohl sich 23% einen Medienberuf wünschen, können sich die meisten diesen Traum nicht erfüllen. – 23% wünschen sich einen Medienberuf. Trotzdem können sich die meisten diesen Traum nicht erfüllen.
c) Obwohl auch Mädchen technische Berufe lernen können, tun das nur wenige. – Auch Mädchen können technische Berufe lernen. Trotzdem tun das nur wenige.
d) Obwohl Friseurinnen nicht viel verdienen, wählen viele Mädchen diesen Beruf. – Friseurinnen verdienen nicht viel. Trotzdem wählen viele Mädchen diesen Beruf.
e) Obwohl ich kein Englisch sprechen kann, möchte ich Reisekaufmann werden. – Ich kann kein Englisch. Trotzdem möchte ich Reisekaufmann werden.

3 a) Friseur b) studieren c) Mädchen d) Praxis e) verkaufen f) Mehrheit g) Termin h) reparieren
i) Hälfte j) beraten k) programmieren

4 a) die Patienten. Sie helfen bei Untersuchungen und Behandlungen, wiegen und messen die Patienten und bereiten Laborarbeiten vor. Sie nehmen Blut für Laboruntersuchungen ab, bedienen und pflegen medizinische Instrumente und Geräte und machen einfache Untersuchungen. Arzthelfer/-innen organisieren auch den Praxisablauf und erledigen Verwaltungsarbeiten.
b) die Arbeiten im Hotel. Sie nehmen Reservierungen von Gästen entgegen, machen Reservierungspläne und empfangen die Gäste. Hotelfachleute kalkulieren auch Angebote, planen Marketingaktionen und schreiben Reisebüros an. Außerdem helfen sie den Gästen, planen die Arbeitszeiten des Servicepersonals und kontrollieren die Hotelzimmer und den Service.

5 Im Herbst möchte ich gerne ...
Also, ich habe Abitur gemacht.
Englisch und Französisch. Also Fremdsprachen ... . Deshalb könnte ... .
Studium? Nein, eher nicht. Nein, ich möchte ... . Vielleicht auch etwas ... .
Nein, ich möchte einen praktischen ... . Wie sieht es denn bei ... ?
Na ja, so konkret ... . Da verändert sich ... .
Na ja, Studium, wie gesagt, ... Aber ich muss mir das ... .

6 a) Was kann ich für Sie tun? Womit kann ich Ihnen helfen? Kann ich etwas für Sie tun?
b) Haben Sie an etwas Bestimmtes gedacht? Welchen Wunsch haben Sie? Haben Sie eine bestimmte Idee?
c) Können Sie mir einen Rat geben? Was würden Sie mir raten? Was könnte ich tun?
d) Ich schlage Ihnen vor, Ich empfehle Ihnen, Ich gebe Ihnen den Rat
e) Was denken Sie über ...? Was halten Sie von ...?

7 **a)** Pech **b)** Stuhl **c)** Verkauf **d)** öffentlich **e)** wirklich **f)** verschlechtern **g)** Unternehmen **h)** Mitglied **i)** Mitarbeiter **j)** gelingen **k)** finden **l)** herstellen **m)** Anfang **n)** Student **o)** Lösung

8 **a)** entwickelt Unternehmensstrategien, kontrolliert und organisiert die Zusammenarbeit der Abteilungen, plant die Entwicklung des Unternehmens
b) bestellt Material und Geräte für die Produktion, wählt Lieferanten aus
c) plant und organisiert Verkaufsaktionen, organisiert den Verkauf, kommuniziert mit Kunden, bearbeitet Bestellungen/Aufträge/Anfragen
d) gestaltet Prospekte, plant Werbung und realisiert Werbeaktionen
e) versendet Waren, verwaltet und organisiert das Lager
f) kontrolliert die Unternehmensfinanzen, verwaltet die Eingangs- und Ausgangsrechnungen, erstellt Geschäftsbilanzen **g)** stellt Produkte her, organisiert und kontrolliert die Produktherstellung

9 **b)** Ich wasche meine Wäsche selbst. Ich lasse meine Wäsche waschen.
c) Ich wasche das Geschirr selbst ab. Ich lasse das Geschirr abwaschen.
d) Ich räume meine Küche auf. Ich lasse meine Küche aufräumen.
e) Ich bügle meine Wäsche. Ich lasse meine Wäsche bügeln.
f) Ich koche. Ich lasse kochen.

10 **b)** lässt man mich eigene Produktideen entwickeln. **c)** lässt man uns Kalkulationen selbst machen. **d)** lässt man Maria und Rolf selbst Verkaufsaktionen planen. **e)** lässt man uns selbst Geräte und Material einkaufen. **f)** lässt man die Jugendlichen die Produktion selbst organisieren.

11 **a)** betriebseigen **b)** der nächstmögliche Zeitpunkt **c)** erfahren **d)** Abschlusszeugnis **e)** Kopie **f)** Lebenslauf **g)** Team **h)** Mitarbeiter **i)** teamfähig **j)** Gast **k)** Zukunft **l)** Bewerbung **m)** Führerschein **n)** Hausmeister **o)** Kenntnisse **p)** erforderlich **q)** Reinigungsarbeiten **r)** qualifiziert **s)** Ausrüstung **t)** Aktivitäten **u)** freundlich **v)** Arbeitsklima **w)** Bezahlung **x)** Arbeitsplatz

12 Lösungsvorschlag:
Denn Feste organisieren muss man können. Das kann nicht jeder. Wir sind Spezialisten für Feste aller Art, für kleine und große. Damit Ihr Fest ein Erfolg wird, bieten wir Ihnen unseren Partyservice. Ob kaltes oder warmes Essen, einfach oder luxuriös. Wenn Sie wollen, kochen wir nicht nur für Sie. Wir sorgen auch für Geschirr, Stühle, Tische, Partyzelte, Grillgeräte, Dekorationen und sogar Servicepersonal. Probieren Sie es einmal aus! Lassen Sie sich von uns individuell und persönlich beraten. Rufen Sie uns einfach an, Tel. (0441) 66 73 98, oder informieren Sie sich auf unseren Seiten über unsere Angebote.

13 *Martin Norz*
Martin Norz ist 35 Jahre alt und kommt aus Oberammergau in Oberbayern. Das ist der Ort, in dem alle 10 Jahre die weltbekannten Passionsspiele stattfinden. Martin Norz hat Glück, weil er schon zum zweiten Mal die Rolle des Jesus spielen darf. Im wirklichen Leben ist er im Bauamt der Gemeinde angestellt und kümmert sich um Dinge wie Baurecht und Straßenverkehrsrecht.
Hans Draga
Hans Draga ist seit fast 40 Jahren Pferdepfleger und kümmert sich um die Pferde von wohlhabenden Münchener Bürgern. Er macht den Stall sauber, füttert die Tiere, pflegt sie und macht sie reitfertig. Hans Dragas Arbeitstag beginnt um 7 Uhr und die Arbeit ist sehr anstrengend, aber er kann arbeiten, wie er will.

14 **a)** Musiker **b)** Mitternacht **c)** Orchester **d)** Kutsche **e)** Glück **f)** Kind/Jugendlicher **g)** krank **h)** Sendung **i)** Stall **j)** alle 10 Jahre **k)** spielen **l)** Junge **m)** lieben **n)** Schwester **o)** Teich **p)** Kühlschrank **q)** Lehrer

15 **a)** liegen **b)** sich kümmern **c)** stehen **d)** tragen **e)** beschließen **f)** vorstellen **g)** treffen **h)** spielen **i)** überzeugen **j)** versuchen **k)** vergessen **l)** schicken **m)** beginnen **n)** erhalten **o)** erkennen **p)** wissen **q)** finden **r)** verlieren

16 **b)** Wenn wir die Verkaufsaktion nicht gemacht hätten, hätten wir weniger Erfolg gehabt.
c) Wenn ich nicht in der Juniorfirma gearbeitet hätte, hätte ich wichtige Dinge nicht gelernt.
d) Wenn unsere Firma besseres Material bekommen hätte, hätten die Produkte eine höhere Qualität gehabt.
e) Wenn wir in der Firma weniger diskutiert hätten, wären wir zu Entscheidungen gekommen.
f) Wenn Herr Draga mehr Geld gehabt hätte, hätte er ein gesundes Pferd gekauft.
g) Wenn Herr Norz nicht in Oberammergau geboren wäre, hätte er nicht an den Passionsspielen teilnehmen dürfen.
h) Wenn ein Lehrer nicht das Talent von Frau Mährle erkannt hätte, wäre sie nicht Paukistin geworden.

17 **a)** Mitarbeiter **b)** Verbot **c)** Zeit **d)** Spiel **e)** Gesetze **f)** ausstellen/entlassen
18 **a)** sicher nicht, ganz bestimmt nicht **b)** wahrscheinlich nicht, wohl nicht, kaum **c)** vielleicht, möglicherweise, eventuell **d)** ziemlich sicher, sehr wahrscheinlich, höchstwahrscheinlich **e)** ganz sicher, ganz bestimmt, auf jeden Fall

Schlüssel

19 a) ~~verboten~~ erlaubt **b)** ~~anfangen~~ aufhören **c)** ~~begonnen~~ erledigt **d)** ~~geärgert~~ gekündigt **e)** ~~bekommen~~ benutzt **f)** ~~weiß~~ vermute **g)** ~~erklären~~ beachten **h)** ~~gekämpft~~ entschieden **i)** ~~versprochen~~ gedroht **j)** ~~gespielt~~ verhandelt

Lektion 6

1 a) B **b)** A **c)** B **d)** B **e)** A **f)** B

2 a) Als **b)** Wenn **c)** wenn **d)** als **e)** wenn **f)** als **g)** Als **h)** wenn **i)** Als **j)** wenn

3 b) I **c)** II **d)** I **e)** II **f)** III **g)** I **h)** II **i)** I **j)** III

4 a) II **b)** II **c)** III **d)** I **e)** I **f)** III **g)** III **h)** II **i)** I

5 b) kälter als gestern. **c)** als ich erwartet hatte / als erwartet. **d)** ist zwei Jahre jünger als ich. **e)** als Lehrer in Kenia. **f)** Als Kind muss man

6 a) Wann **b)** wann **c)** Wenn **d)** wenn **e)** wann **f)** Wenn **g)** wann **h)** wenn **i)** wann **j)** Wann **k)** wenn

7 b) schenkten mir eine Schultüte. – zur Schule. **c)** Ich kam aus der Klasse. – Ich erzählte meinen Eltern von Ernst. **d)** Wir mussten eine Stunde warten. – Die Lehrerin kam. **e)** Sie fragte ihre Eltern um Erlaubnis. – Sie ging auf ein Popkonzert. **f)** Er zog seine Bergschuhe an. – Er setzte seinen Hut auf. **g)** Die Mutter erzählte eine Geschichte. – Die Kinder schliefen ein.

8 b) hatte ... gearbeitet **c)** hatte ... geschrieben **d)** hatten ... gewusst **e)** gegessen hatte **f)** weggelaufen war **g)** aufgehört hatte **h)** hatte ... besessen **i)** hatte ... rasiert **j)** trainiert hatte **k)** war ... gewachsen

9 b) Die Lehrerin hatte mich nach meinem Namen gefragt. **c)** Ich war mit meinen Eltern in die Berge gefahren. **d)** Wir waren in einen Zug nach Österreich eingestiegen. **e)** Meine Großmutter war kurz nach ihrem 90sten Geburtstag gestorben. **f)** Und an Weihnachten hatte mir meine Mutter immer ein weißes Kleid angezogen. **g)** Meine Freundin hatte mich zu einem Popkonzert mitgenommen. **h)** Eines Tages hatte ich meine Hausaufgaben vergessen.

10

lagst	gingst ... weg	wurdest begrüßt
hast gelegen	bist weggegangen	bist begrüßt worden
hattest gelegen	warst weggegangen	warst begrüßt worden
lag	ging ... weg	wurde begrüßt
hat gelegen	ist weggegangen	ist begrüßt worden
hatte gelegen	war weggegangen	war begrüßt worden
lagen	gingen ... weg	wurden begrüßt
haben gelegen	sind weggegangen	sind begrüßt worden
hatten gelegen	waren weggegangen	waren begrüßt worden
lagt	gingt ... weg	wurdet begrüßt
habt gelegen	seid weggegangen	seid begrüßt worden
hattet gelegen	wart weggegangen	wart begrüßt worden
lagen	gingen ... weg	wurden begrüßt
haben gelegen	sind weggegangen	sind begrüßt worden
hatten gelegen	waren weggegangen	waren begrüßt worden

11 a) C **b)** A **c)** C **d)** B **e)** B **f)** B **g)** A

13 b) sympathisch **c)** unsportlich **d)** freundlich **e)** ungesüßt **f)** unruhig **g)** unkompliziert **h)** interessant **i)** unpraktisch **j)** unglücklich **k)** unhöflich **l)** unsicher **m)** ungesund

14 a) fehlerlos **b)** elternlos **c)** zahnlos **d)** arbeitslos **e)** fleischlos **f)** humorlos **g)** kraftlos **h)** traumlos **i)** heimatlos **j)** wertlos **k)** lustlos **l)** ergebnislos **m)** ratlos **n)** herzlos, gefühllos **o)** ziellos **p)** ereignislos **q)** mühelos **r)** erfolglos **s)** problemlos **t)** schutzlos

15 b) dünn **c)** nah **d)** klein **e)** traurig **f)** langweilig **g)** jung **h)** reich **i)** teuer **j)** schwer **k)** schwach **l)** verheiratet **m)** hell **n)** richtig **o)** mutig **p)** fleißig **q)** trocken **r)** krank **s)** weich **t)** hässlich **u)** lang **v)** leise **w)** nervös **x)** schmutzig **y)** sauer

16 a) A **b)** A **c)** B **d)** B **e)** A **f)** B

17 besten, zehnten, Damals, erster, schlechtere, zuerst, bald, tatsächlich

18 a) R **b)** F **c)** F **d)** F **e)** R **f)** R **g)** F **h)** F **i)** R **j)** R **k)** F **l)** F **m)** R

19 **b)** ich noch etwas lernen will, mache ich einen Sprachkurs.
c) Wenn meine Kinder größer sind, werde ich Französisch lernen.
d) Ob ich noch einen Platz im Kurs bekomme, ist nicht sicher.
e) Obwohl ich Probleme mit der Aussprache habe, macht mir Italienisch viel Spaß.
f) Damit sie in Berlin studieren kann, lernt meine Freundin Deutsch.
g) Als ich das Programm der Volkshochschule bekam, habe ich mich sofort angemeldet.
h) Während meine Kinder in der Schule sind, besuche ich einen Kurs.

20 **b)** am sechzehnten Februar **c)** am elften März **d)** am neunundzwanzigsten April **e)** am zweiundzwanzigsten Mai **f)** am dreißigsten Juni **g)** am dritten Juli **h)** am ersten August **i)** am dreizehnten September
j) am siebten Oktober **k)** am vierundzwanzigsten November **l)** am siebzehnten Dezember

21 **a)** Wann **b)** Wo **c)** Was **d)** Wohin **e)** Wer **f)** Warum **g)** Wie **h)** Woher

22 **b)** dreiundneunzig Euro und vierzehn Cent
c) (ein)hundertsechsundfünfzig Euro und vierundneunzig Cent
d) dreihundertdreiunddreißig Euro und zehn Cent
e) sechshundertvierundfünfzig Euro und einundneunzig Cent
f) siebenhundertfünfundvierzig Euro und dreiundzwanzig Cent
g) neunhundertdreiundsechzig Euro und achtundsiebzig Cent
h) (ein)tausenddreihundertvierundzwanzig Euro und fünfzig Cent
i) achttausendsechshundertachtundsiebzig Euro und achtundneunzig Cent

23 **b)** 23.57 Uhr **c)** 8.30 Uhr **d)** 22.20 Uhr **e)** 2.15 Uhr **f)** 15.35 Uhr **g)** 6.40 Uhr **h)** 5.55 Uhr **i)** 18.45 Uhr

24 **b)** Montag **c)** Freitag **d)** Dienstag **e)** Sonntag **f)** Mittwoch **g)** Samstag

Lektion 7

1 **a)** erschrocken **b)** wütend **c)** ängstlich **d)** traurig **e)** fröhlich **f)** anderer Meinung **g)** arrogant
h) freundlich

2 **a)** ängstlich **b)** arrogant **c)** interessiert **d)** erschrocken **e)** freundlich **f)** traurig **g)** wütend **h)** fröhlich

3 **a)** B **b)** A **c)** C **d)** B **e)** C

4 **b)** ängstlich **c)** berühmt **d)** dumm **e)** ehrlich **f)** faul **g)** frech **h)** freundlich **i)** fröhlich **j)** gesund
k) herzlich **l)** höflich **m)** interessiert **n)** klug **o)** natürlich **p)** schlank **q)** schön **r)** traurig **s)** verrückt
t) zufrieden
Wenn das Adjektiv mit -*ich* oder -*ig* endet (-*ig* wird auch wie -*ich* ausgesprochen), dann wird das Nomen mit -*keit* am Ende gebildet.

5 **a)** E **b)** G **c)** C **d)** H **e)** B **f)** A **g)** F **h)** D

6 **b)** Zeige nicht jedem gleich deine Gefühle.
Zeigt nicht jedem gleich eure Gefühle.
c) Mach ein freundliches Gesicht.
Macht ein freundliches Gesicht.
d) Sei immer natürlich.
Seid immer natürlich.
e) Stelle anderen Menschen keine persönlichen Fragen.
Stellt anderen Menschen keine persönlichen Fragen.
f) Finde deinen persönlichen Stil.
Findet euren persönlichen Stil.
g) Lerne aus deinen Fehlern.
Lernt aus euren Fehlern.

7 **a)** Iss **b)** Vergiss **c)** Gib **d)** Hilf **e)** Nimm **f)** Versprich **g)** Lies **h)** Sprich **i)** Sieh **j)** Triff

8 **positiv**
... finde ich attraktiv
... ist hübsch angezogen.
... macht einen netten Eindruck.
... sieht süß aus.

negativ
... mag ich nicht.
... hat bestimmt keinen guten Charakter.
... hat eine unangenehme Stimme.
... möchte ich bestimmt nicht näher
   kennen lernen.

Schlüssel

... interessiert mich.
... hat wunderschöne Augen.
... finde ich sehr sympathisch.
... hat ein schönes Lachen.

... ist bestimmt sehr arrogant.
... ist irgendwie komisch.
... redet einfach zu viel.

9 **a)** B **b)** A **c)** B **d)** B **e)** A **f)** B **g)** A

10 **a)** nervös **b)** traurig **c)** vergesslich **d)** hübsch **e)** mager **f)** klug **g)** grün **h)** intelligent **i)** Wäsche waschen

11 **b)** kurzen Bart **c)** schlanke Figur **d)** dumme Witze **e)** guten Charakter **f)** hübsches Gesicht **g)** verrückte Ideen **h)** langweiliger Mensch **i)** laute Stimme **j)** starken Brille

12 freie Lösung

13 **a)** egoistisch **b)** bescheiden **c)** zuverlässig **d)** kühl **e)** ehrlich **f)** unkompliziert **g)** vergesslich **h)** korrekt **i)** natürlich

14 **a)** A **b)** B **c)** B **d)** A **e)** A

15 **b)** B **c)** B **d)** A **e)** B **f)** A **g)** A **h)** A **i)** B **j)** A **k)** A **l)** B **m)** B

16 **a)** A **b)** C **c)** B **d)** C **e)** A

17 **c)** + **d)** + **e)** − **f)** + **g)** − **h)** − **i)** + **j)** − **k)** − **l)** +

18 **b)** um nicht bezahlen zu müssen. **c)** um seine Ziele erreichen zu können. **d)** um sich wichtig fühlen zu können. **e)** um ins Kino gehen zu dürfen. **f)** um nicht ins Bett gehen zu müssen. **g)** um früher nach Hause fahren zu dürfen. **h)** um besser schlafen zu können.

19 darf, soll, muss, will
kannst, darfst, sollst, musst, willst
kann, darf, soll, muss, will
können, dürfen, sollen, müssen, wollen
könnt, dürft, sollt, müsst, wollt
können, dürfen, sollen, müssen, wollen

20 **a)** C **b)** B **c)** B **d)** C **e)** A

21 **b)** sechstausendeinhundertsiebenundsechzig Kilometer
c) neuntausendneunhundertfünfundsiebzig Kilometer
d) zwölftausenddreihundertfünfunddreißig Kilometer
e) sechsunddreißigtausendzweihundertsiebzehn Kilometer
f) siebenundfünfzigtausendachthundertdreiundsechzig Kilometer
g) achtundneunzigtausenddreihunderteinundfünfzig Kilometer
h) (ein)hundertzweiundzwanzigtausendneunhundertzweiundsiebzig Kilometer
i) vierhundertvierundvierzigtausendachthundertfünfundsechzig Kilometer
j) siebenhundertfünfundzwanzigtausendneunhunderteinundneunzig Kilometer

22 **a)** Monate **b)** Minuten **c)** Gramm **d)** Pfund **e)** Meter **f)** Tag **g)** Zentimeter

23 **b)** unseres Nachbarn **c)** des Autos **d)** deines Kleides **e)** Peters **f)** Ihrer Freundin **g)** meines Chefs **h)** des schlechten Wetters **i)** seiner schlimmen Erkältung **j)** meines besten Freundes

Lektion 8

1 **b)** lieber, am liebsten **c)** mehr, am meisten **d)** schöner, am schönsten **e)** dicker, am dicksten **f)** freundlicher, am freundlichsten

2 **b)** netteste **c)** jüngste **d)** schönsten **e)** neueren **f)** größte **g)** höchste **h)** wärmeres **i)** teuersten **j)** dunklere **k)** spannenderen

3 **der/ein:** Kaffee, Honig, Apfel, Käse, Fernseher, Ball, Wecker, Teppich, Kühlschrank, Tisch, Strumpf
die/eine: Gitarre, Marmelade, Lampe, Blume, Kartoffel, Bluse, Limonade, Butter, Zitrone, Wurst, Zwiebel
das/ein: Brot, Fahrrad, Waschpulver, Kleid, Radio, Auto, Salz, Mineralwasser, Bier, Buch, Gemüse, Ei

4 **kann man kaufen:** ein Schnitzel, einen Apfel, ein Getränk, eine Hose, ein Geschenk, ein Ei, ein Klavier, eine Gitarre, ein Möbel, eine Lampe, eine Birne, einen Anzug, eine Kamera, einen Fernseher, einen Hammer, eine Illustrierte, eine Puppe, einen Fisch, eine Gabel, einen Kühlschrank

kann man nicht kaufen: ein Gefühl, Angst, eine Bitte, Bauchschmerzen, Appetit, eine Landschaft, einen Kellner, einen Berg, einen Bruder, einen Dieb, einen Kuss, einen Ingenieur, eine Hoffnung, Meinungen, einen Enkel, ein Gewitter, Fieber, ein Gesetz, einen Fluss, eine Heimat

5 b) Radio c) Stiefel d) Fisch e) Uhr f) Pizza g) Tee h) Telefon i) Penizillin j) Zucker

6 b) ein Politikprofessor c) eine Tomatensoße d) ein Computertisch e) ein Haustürschlüssel f) ein Eisberg g) ein Gurkensalat h) eine Musikgruppe i) ein Sommerfest j) ein Tennisplatz k) eine Zimmerpflanze l) ein Gasofen m) eine Gemüsesuppe n) ein Gemüsehändler

7 a) A b) A c) B d) B e) A f) B g) A

8 b) die Benutzerin c) der Berater d) der Besitzer, die Besitzerin e) erfinden f) die Erzählerin g) der Fahrer, die Fahrerin h) der Gewinner, die Gewinnerin i) der Händler j) der Hersteller, die Herstellerin k) kaufen l) die Läuferin m) der Leiter, die Leiterin n) lesen, die Leserin o) der Maler, die Malerin p) die Planerin q) der Raucher, die Raucherin r) singen s) der Spieler, die Spielerin t) sprechen u) der Verbraucher, die Verbraucherin v) die Verliererin w) verkaufen x) der Zeichner, die Zeichnerin y) zuhören, die Zuhörerin z) der Zuschauer, die Zuschauerin

9 a) auf der Post b) auf dem Hof c) auf der Bank d) beim Bäcker e) bei einem Fahrradhändler f) an die Universität g) an einem Kiosk h) in einer Apotheke i) auf dem Bahnhof j) im Möbelgeschäft k) bei einem Popkonzert

10 a) E b) D c) G d) F e) A f) H g) C h) B

11 b) n c) p d) p e) n f) n g) p h) n i) p j) p k) n l) p m) n n) p o) p

12 **trennbare Verben:** anhängen, abfahren, anfangen, aufhören, aufwachen, einkaufen, einsteigen, fernsehen, festhalten, nachdenken, umdrehen, vorschlagen, zumachen, zuschauen

13 a) – b) ge c) – d) ge e) ge f) ge g) – h) – i) – j) ge k) ge l) – m) ge n) – o) ge p) ge q) – r) – s) ge t) ge u) ge v) – w) ge x) – y) – z) ge

14 a) besuche, suche b) arbeiten, bearbeitet c) befindet, finden d) bekommt, kommt e) sitze, besitzt f) beschließen, schließe g) halten, behalten h) bestelle, stellen i) achten, beachten

15 a) ausmachen b) mitmachen c) nachmachen d) anmachen e) aufmachen f) zumachen

16 A: vielen Dank für Ihr Angebot. ... – Ich hoffe, Sie können ... – Mit freundlichen Grüßen ...
   B: hast du Lust, am Samstag ... – Ich möchte mir einen ... – Gib mir schnell Antwort. ...
   C: ich denke Tag und Nacht ... – Ich zähle die Stunden ... – Tausend Küsse ...
   D: wie geht es euch? ... – Schreibt mir doch mal wieder ... – Es grüßt euch herzlich ...

17 Lösungsvorschlag:
   Liebe Marion,
   ich bin jetzt seit einer Woche wieder in Bamberg. Meine Heimreise war ziemlich anstrengend. Zuerst hatte ich eine Panne mit dem Leihwagen und hätte beinahe das Flugzeug verpasst. Dann war mein Koffer auch noch im falschen Flugzeug! Du kannst dir vorstellen, dass ich zu Hause so erschöpft war, dass ich gleich ins Bett gegangen bin.
   Heute war mein erster Arbeitstag nach dem Urlaub. Während ich mit dir am Strand gelegen habe, hat sich hier ziemlich viel angesammelt. Deshalb habe ich viel zu tun, aber im Urlaub habe ich ja genügend Kräfte gesammelt.
   Trotzdem überlege ich mir jetzt schon, wohin ich als Nächstes fahren will. Vielleicht nach Italien. Da war ich noch nie. Was meinst du, sollen wir wieder gemeinsam Urlaub machen?
   Du kannst mich ja auch einmal hier in Bamberg besuchen. Die Stadt ist immer eine Reise wert. Dann können wir auf meinem Balkon sitzen, Rotwein trinken und die Urlaubsbilder ansehen. Ich bin schon gespannt, wie sie geworden sind. Morgen hole ich sie ab. Die schönsten werde ich dir natürlich sofort schicken.
   Also, bis bald!
   Stefan

18 b) Fernseher. c) Spritze, aber ich finde keine Taschenlampe. d) Ich sehe einen Koffer, aber ich finde keine Handtasche. e) Ich sehe ein Kissen, aber ich finde keinen Wecker. f) Ich sehe eine Uhr, aber ich finde keine Schere. g) Ich sehe eine Geldbörse, aber ich finde kein Telefon. h) Ich sehe einen Teppich, aber ich finde keine Haarbürste. i) Ich sehe einen Hammer, aber ich finde kein Buch. j) Ich sehe ein Fahrrad, aber ich finde kein Besteck. k) Ich sehe ein Radio, aber ich finde keine Bluse. l) Ich sehe ein Handy, aber ich finde keine Gitarre. m) Ich sehe eine Dose, aber ich finde keine Flasche. n) Ich sehe eine Halskette, aber ich finde kein Foto.

19 a) A b) B c) A d) A e) A f) A

Schlüssel

20 b) Wer eine Ware billiger haben will, sollte sich informieren.
c) Wer Probleme mit der Gesundheit hat, sollte zum Arzt gehen.
d) Wer auf der Suche nach einem neuen Auto ist, sollte mal ins Internet schauen.
e) Wer eine E-Mail von einer Person bekommt, die er nicht kennt, sollte vorsichtig sein.
f) Wer oft Kopfschmerzen hat, wenn er am Computer sitzt, sollte oft Pausen machen und an die frische Luft gehen.

21 a) C **b)** B **c)** F **d)** H **e)** G **f)** E **g)** A **h)** D

22 c) sechzehnten elften neunzehnhundertachtundsechzig
d) am zwölften vierten neunzehnhundertfünfundsiebzig
e) am siebenundzwanzigsten neunten neunzehnhundertdreiundachtzig
f) am neunten zwölften neunzehnhundertsiebzig
g) am neunzehnten ersten neunzehnhundertvierundsechzig
h) am dreizehnten achten neunzehnhundertneunundsiebzig
i) am vierundzwanzigsten zwölften neunzehnhundertsechzig
j) am siebten dritten neunzehnhunderteinundachtzig
k) am siebzehnten fünften neunzehnhundertzweiundsiebzig

23 b) P, F **c)** F, P **d)** F, P **e)** P, F **f)** F, P **g)** F, P **h)** F, P

Lektion 9

1 a) Handy **b)** Faxgerät **c)** Radio **d)** Bildschirm **e)** Maus **f)** Modem **g)** Drucker **h)** Tastatur **i)** Computer **j)** Lautsprecher **k)** Kugelschreiber **l)** Ordner

2 a) ein Handy **b)** ein Bildschirm **c)** eine Tastatur **d)** ein Lautsprecher **e)** eine Maus **f)** ein Modem **g)** ein Faxgerät **h)** ein Drucker

3 a) ein Modem **b)** Licht **c)** einen Kugelschreiber **d)** einen Flug **e)** ein Getränk **f)** ein Buch **g)** einen Schreibtisch **h)** ein Telefongespräch

4 a) verteilen **b)** klettern **c)** erfinden **d)** rasieren **e)** überweisen **f)** besitzen **g)** besuchen **h)** korrigieren

5 b) gelesen **c)** geschrieben **d)** abgehoben **e)** gegeben **f)** bedient **g)** notiert **h)** gebucht

6 a) B **b)** A **c)** C **d)** B

7 a)

8 a) täglich **b)** nie **c)** oft **d)** ab und zu **e)** fast nie

9 a) C **b)** A **c)** C **d)** D

10 a) C **b)** B **c)** A **d)** B **e)** A

11 b) weil es das Wissen für die Zukunft braucht. **c)** weil man Kontakt zur ganzen Welt hat. **d)** denn das ist nicht gesund für die Augen. **e)** denn sie können damit neue Freunde finden. **f)** weil sie Probleme mit der neuen Technik haben. **g)** denn es gibt viel interessantere Dinge im Leben.

12 a) C **b)** B **c)** B **d)** A **e)** C

13 a) A **b)** B **c)** A **d)** B **e)** A **f)** B

14 a) ob **b)** wenn **c)** weil **d)** obwohl **e)** nachdem **f)** wenn

15 b) ob es auch Handys für Pferde geben wird. **c)** ob es genug Computer für alle Gefangenen gibt. **d)** ob ich im Notfall ein Flugzeug landen könnte. **e)** ob man im Urlaub auf sein Handy verzichten sollte. **f)** ob die Entwicklung von Tierhandys eine gute Idee ist.

16 b) dass die Gefangenen sich über ihre Kontaktmöglichkeiten freuen. **c)** dass die Luftpiraten ins Gefängnis gekommen sind. **d)** dass sich der Papst über die vielen E-Mails gefreut hat. **e)** dass der Bürgermeister von Horntal ein kluger Mann ist. **f)** dass die Passagiere bei der Landung große Angst hatten.

17 a) ob **b)** dass **c)** dass **d)** dass **e)** ob **f)** ob **g)** dass **h)** dass **i)** ob **j)** ob

18 b) entwickelt, Entwicklung **c)** gestört, Störung **d)** heizt, Heizung **e)** erfunden, Erfindung **f)** gemeint, Meinung **g)** geordnet, Ordnung **h)** gebucht, Buchung **i)** gerettet, Rettung **j)** überrascht, Überraschung **k)** gewohnt, Wohnung **l)** verbunden, Verbindung

19 a) p **b)** g **c)** g **d)** p **e)** g

20 a) B b) F c) C d) A e) E f) D

21 a) A b) B c) A d) B e) B

Lektion 10

1 a) Zug b) Kutsche c) Cabrio d) U-Bahn e) Motorrad f) Raumschiff g) Fähre h) Hubschrauber
i) Lastwagen

2 a) G b) A c) F d) C e) B f) D g) E

3 b) Nächstes Jahr wird meine Tochter Abitur machen. c) Im nächsten Jahr werde ich nach Spanien fahren.
d) Du wirst die Prüfung ganz bestimmt schaffen. e) Am Wochenende werden wir die Wohnung putzen müssen. f) Morgen wird es bestimmt regnen.

4 b) Er kauft ein neues Auto. Er hat ein neues Auto gekauft. Er wird ein neues Auto kaufen. c) Wir holen die Kinder von der Schule ab. Wir haben die Kinder von der Schule abgeholt. Wir werden die Kinder von der Schule abholen. d) Sie spielen zusammen Fußball. Sie haben zusammen Fußball gespielt. Sie werden zusammen Fußball spielen. e) Wo bist du an Weihnachten? Wo bist du an Weihnachten gewesen? Wo wirst du an Weihnachten sein?

5 c) A d) A e) B f) A g) B h) B i) A j) A k) A l) B

6 a) Das Zimmer ist sehr gemütlich. b) Das ist wundervoll. c) Das haben Sie sehr gut gemacht.

7 a) A b) B c) A d) B e) B

8 a) f b) f c) r d) r e) f f) f g) r h) r

9 a) A b) B c) B d) A e) B f) A

10 a) am liebsten mit dem Zug, weil das ein sicheres Verkehrsmittel ist.
b) Im Urlaub will ich nur meine Ruhe haben, denn mein Beruf ist sehr anstrengend.
c) In den Ferien fahre ich meistens ans Meer, um zu baden und in der Sonne zu liegen.
d) Im Urlaub möchte ich kein festes Programm haben, sondern tun und lassen, was mir gefällt.
e) Ich reise gern mit guten Freunden, weil gemeinsam alles viel mehr Spaß macht.
f) Ich finde, dass man einen Urlaub genau planen sollte, damit man dann nicht enttäuscht ist.

11 b) hier bleiben, weil meine Kinder noch zur Schule gehen. c) Ich will nicht weggehen, weil ich hier sehr zufrieden bin. d) Ich kann leicht auswandern, weil meine Großeltern in Australien leben. e) Mir fehlt das Geld zum Reisen, weil ich noch studiere.

12 b) meiner alten Eltern c) der schönen Sprache d) der guten Universitäten e) meiner neuen Freundin
f) meiner großen Flugangst

13 b) um neue Erfahrungen zu machen c) um täglich baden zu können d) um Land und Leute kennen zu lernen e) um dort ein Jahr zu arbeiten f) um meinen Job zu kündigen

14 a) B b) C c) D d) E e) A

15 b) bin auf einen hohen Berg gestiegen. c) Ich habe im Meer gebadet. d) Ich bin viel mit dem Fahrrad gefahren. e) Ich habe schöne Museen besichtigt. f) Ich habe meinen Freunden Karten geschrieben.

16 a) B b) B c) A d) A e) B f) B g) A h) A i) B j) A k) B l) B m) A n) A o) B p) A q) B r) A

17 Lösungsvorschlag:
Vor zwei Jahren habe ich eine Reise nach Russland unternommen, um dort einen Sprachkurs zu machen.
Zusammen mit ein paar Freunden, die denselben Kurs besuchen wollten, bin ich mit dem Zug bis nach Sibirien gefahren. Der Sprachkurs hat vier Wochen gedauert und in dieser Zeit haben wir viel erlebt. Natürlich haben wir auch viel Russisch gelernt. Da wir bei Familien gewohnt haben, hatten wir sehr viel Kontakt zu Einheimischen, so dass wir einen viel besseren Eindruck vom Land und von den Leuten bekommen haben als normale Touristen. Wenn ich heute an die Reise zurückdenke, kommt es mir vor wie in einem Traum.

18 a) Koffer b) Reise c) Urlaub d) Strand e) Tourist f) Hotel g) Klima h) Flug i) Freizeit j) Ruhe

19 Türkei Wetter Tag zufrieden Frühstück satt Restaurants Fisch frisch Strand braun zu Hause

20 a) C b) I c) E d) F e) B f) G g) H h) D i) A

Zertifikat Deutsch – Modelltest

Auf den folgenden Seiten ist der komplette *Modelltest 3* zum Zertifikat Deutsch (ZD) abgedruckt. Er dient als Anschauungs- und Übungsmaterial zur Vorbereitung auf diese Prüfung. Der Verlag dankt der WBT Weiterbildungs-Testsysteme GmbH für die freundliche Genehmigung des Nachdrucks.

Die Tonkassette zum Prüfungsteil „Hörverstehen" ist zu beziehen bei:

> WBT Weiterbildungs-Testsysteme GmbH
> Wächtersbacher Str. 83
>
> D-60386 Frankfurt/Main
>
> E-Mail: info@WBTests.de
> Internet: www.sprachenzertifikate.de

Weitere Hinweise und Übungen zum Zertifikat Deutsch finden Sie in jeder Lektion des Kursbuchs „Themen Zertifikatsband".

Hinweise zum Copyright

Die Entwicklungsarbeiten für das Zertifikat Deutsch wurden gemeinschaftlich getragen vom Deutschen Institut für Erwachsenenbildung, vom Goethe Institut, vom Institut für deutsche Sprache der Universität Freiburg (Schweiz) und vom Österreichischen Sprachdiplom. Der vorliegende Modelltest 3 zum Zertifikat Deutsch wurde von der WBT Weiterbildungs-Testsysteme GmbH herausgegeben. Jede Verwertung in anderen als den gesetzlich zugelassenen Fällen bedarf deshalb der Einwilligung des Herausgebers.

Wichtiger Hinweis:

Bitte lesen Sie diese Seite, bevor Sie mit dem Test beginnen.

Liebe Kursteilnehmerin, lieber Kursteilnehmer,

vielleicht fällt es Ihnen ein wenig schwer, die folgenden Hinweise genau zu verstehen. Bitten Sie dann Ihre Kursleiterin, Ihren Kursleiter oder eine gute Freundin, einen guten Freund, der die Sprache versteht, Ihnen zu helfen.

Sie haben im Wesentlichen drei Möglichkeiten, den Modelltest zu verwenden:

- Sie können den Test wie eine richtige Prüfung ablegen.
- Sie können mit dem Test oder mit Teilen des Tests üben.
- Sie können sich auch nur einen Überblick verschaffen.

Überlegen Sie sich bitte, bevor Sie weiterlesen, für welche Möglichkeit Sie sich entscheiden.

Möchten Sie den Modelltest wie eine richtige Prüfung ablegen, brauchen Sie eine Kursleiterin oder einen Kursleiter, der Ihnen die Prüfung unter denselben Bedingungen wie eine spätere reguläre Prüfung abnimmt. Beschäftigen Sie sich in diesem Fall *nicht* weiter mit dem Test! Lesen Sie vor allem keine der Prüfungsfragen und schauen Sie sich keines der Bilder an. Warten Sie die Anweisungen und Empfehlungen Ihrer Kursleiterin / Ihres Kursleiters ab.

Wollen Sie den Modelltest zum Üben verwenden, empfehlen wir Ihnen, sich bei den einzelnen Teilen des Tests - wie in einer richtigen Prüfung - an die Bearbeitungszeiten, z. B. 90 Minuten für *Leseverstehen und Sprachbausteine,* zu halten. Nur so bekommen Sie ein Gefühl dafür, wie viel Zeit Sie für die einzelnen Aufgaben später haben. Üben können Sie mit den Testteilen *Leseverstehen, Sprachbausteine, Hörverstehen* (mit der Tonkassette zu diesem Modelltest; Bestellnummer C61M-003T) und *Schriftlicher Ausdruck* (Schreiben eines Briefes). Die richtigen Lösungen zu den einzelnen Aufgaben finden Sie auf Seite 44. Lassen Sie den Testteil *Schriftlicher Ausdruck* von einer fachkompetenten Person bewerten. Natürlich kann man sich selbst keine mündliche Prüfung abnehmen, aber Sie können sich mit dem genauen Ablauf der mündlichen Prüfung zum Zertifikat vertraut machen, auch damit, was bewertet wird und wie bewertet wird.

Ganz einfache Empfehlungen geben wir Ihnen, wenn Sie sich nur einen Überblick verschaffen wollen: Studieren Sie die Testunterlagen und das Beiheft ganz nach Ihrem Belieben und ohne jedes Wenn und Aber.

Und nun: viel Spaß und Erfolg bei Ihrem Modelltest!

Die Prüfung zum Zertifikat Deutsch

Prüfungsteil	Ziel	Aufgabentyp	Punkte	Zeit in Minuten
Schriftliche Prüfung				
1 **Leseverstehen**				
1.1	Globalverstehen	5 Zuordnungsaufgaben	25	
1.2	Detailverstehen	5 Mehrfachauswahlaufgaben	25	90
1.3	Selektives Verstehen	10 Zuordnungsaufgaben	25	
2 **Sprachbausteine**				
2.1	Teil 1	10 Mehrfachauswahlaufgaben	15	
2.2	Teil 2	10 Zuordnungsaufgaben	15	
Pause				20
3 **Hörverstehen**				
3.1	Globalverstehen	5 Aufgaben richtig/falsch	25	
3.2	Detailverstehen	10 Aufgaben richtig/falsch	25	ca. 30
3.3	Selektives Verstehen	5 Aufgaben richtig/falsch	25	
4 **Schriftlicher Ausdruck (Brief)**				
4.1	Inhalt		15*	
4.2	Kommunikative Gestaltung	4 Leitpunkte bearbeiten	15*	30
4.3	Formale Richtigkeit		15*	
Mündliche Prüfung				
	Teil 1: Kontaktaufnahme			
	Teil 2: Gespräch über ein Thema	Paar- oder Einzelprüfung	75**	ca. 15
	Teil 3: Gemeinsam 1 Aufgabe lösen			

* siehe Bewertungskriterien auf Seite 39 – 40
** siehe Bewertungskriterien auf Seite 41 – 42

Wichtige Hinweise zum **Antwortbogen** (S. 23/24):

Bitte schreiben Sie nur mit einem weichen Bleistift.

Jede Aufgabe hat nur eine richtige Lösung.
Wenn Sie beispielsweise glauben, dass „c" die richtige Lösung ist, markieren Sie bitte Ihre Lösung auf dem Antwortbogen folgendermaßen:

Achtung, liebe Kursteilnehmerin, lieber Kursteilnehmer!

Hier beginnt der Test.
Bevor Sie sich die folgenden Seiten anschauen, lesen Sie in jedem Fall
zuerst die Hinweise für Kursteilnehmende auf Seite 3.

Schriftliche Prüfung

Die beiden ersten Prüfungsteile sind

1 **Leseverstehen** und

2 **Sprachbausteine**

Für diese beiden ersten Prüfungsteile haben Sie 90 Minuten Zeit.

Prüfungsteil 1:   Leseverstehen

Dieser Prüfungsteil besteht aus drei Teilen

- Globalverstehen
- Detailverstehen
- Selektives Verstehen

Insgesamt sollen Sie 20 Aufgaben (1 – 20) bearbeiten. Für jede Aufgabe gibt es nur eine
richtige Lösung.

Prüfungsteil 2:   Sprachbausteine

Dieser Prüfungsteil besteht aus zwei Teilen

- Teil 1
- Teil 2

Wiederum sollen Sie 20 Aufgaben (21 – 40) bearbeiten. Für jede Aufgabe gibt es nur eine
richtige Lösung.

Schriftliche Prüfung

1 Leseverstehen (Teil 1)

Lesen Sie zuerst die 10 Überschriften. Lesen Sie dann die 5 Texte und entscheiden Sie, welcher Text (1 – 5) am besten zu welcher Überschrift (a – j) passt. Tragen Sie Ihre Lösungen in den Antwortbogen bei Aufgaben 1 – 5 ein.

a) **Beispiel Rhön: Das Land nutzen und die Natur erhalten**

b) **Unser Tipp: Goethes Kochbuch**

c) **Ältere Männer verlieren Kraft und Dynamik**

d) **Beispiel Nordsee: Immer mehr einsame Menschen im Urlaub**

e) **Rhön-Verein bildet Bauern aus**

f) **Andere Stimme ab 70?**

g) ***Unser Gesundheits-Tipp: Nordsee!***

h) TENNIS FÜR ANFÄNGER

i) **Sport-Empfehlung: Schwimmen, Gehen, Radfahren**

j) **Kochen und Reisen in Deutschland**

1.

Wer sportlich aktiv sein möchte, fragt sich zu Beginn oft, welche Sportart und welches Trainingspensum wohl richtig sind. Hier eine Empfehlung von Sporttherapeuten: Das ideale Trainingspensum besteht aus drei sportlichen Aktivitäten pro Woche, zwei „trockenen" (z.B. Radfahren) und einer „nassen" (Schwimmen). Für die Wahl der Sportarten gilt folgendes: Verzichten Sie als Anfänger auf Tennis und Squash, denn die schnellen, abrupten Bewegungen belasten Gelenke und Bänder sehr. Walking (zügiges Gehen), Radfahren und Schwimmen hingegen sind sehr empfehlenswerte Sportarten.

(aus einer deutschen Zeitung)

2.

Köstliches Deutschland (Südwest, 192 S., 39,90 Mark) - ein Buch, das zum Kochen und zum Reisen animieren will. Der Autor Udo Eckert hat sich Goethes Motto „Warum denn in die Ferne schweifen..." zu eigen gemacht und sich auf einen kulinarischen Streifzug durch deutsche Regionen gemacht. Das Buch ist Bildband, solides Kochbuch und praktischer Gourmetführer gleichermaßen.

(aus einer deutschen Zeitung)

3.

Behutsame Landnutzung im Einklang mit der Natur hat die einmalige Landschaft der Rhön geschaffen. Wenn Sie mehr darüber wissen wollen, schreiben Sie uns oder schicken Sie uns diese Anzeige!

Natur- und Lebensraum Rhön e.V.,
Georg-Meilinger-Str. 3,
D-36115 Ehrenberg-Wüstensachsen

(aus einer deutschen Zeitung)

4.

Allein in Salzluft, Sonne und Seewind bekommen Körper und Seele Aufwind. Nordsee – ein Klima, einzigartig und wie geschaffen für Gesundheit: mal sanft, mal rau. Auf jeden Fall belebend. Und eine Kur gibt zusätzlich Impulse. Mit den elementarsten Heilkräften der Natur.

Sternstunden der Gesundheit.

Informationen bei: 5-Sterne-Nordsee-Kur,
Postfach 161 130, D-22510 Husum

(aus einer deutschen Zeitung)

5.

Dass die Stimme – vornehmlich von Männern – im Alter oft rauer klingt, liegt an altersbedingten Umbildungen des Stimmapparats im Kehlkopf. Die veränderte Stimme der Betroffenen verliert dadurch an Kraft und Dynamik und kann sich dann ungewohnt heiser oder rau anhören. Doch vor dem 70. Lebensjahr ist mit dieser natürlichen Stimmveränderung nicht zu rechnen.

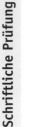

1 **Leseverstehen** (Teil 2)

Lesen Sie zuerst den Zeitungsartikel „Kaffeehäuser werben für Wien", und lösen Sie dann die fünf Aufgaben (6 – 10) zum Text.

Kaffeehäuser werben für Wien

Wien als Stätte eines besonderen Lebensstils – Stichwort Kaffeehaus – in aller Welt noch bekannter zu machen, hat sich eine Fachgruppe der Kaffeehäuser vorgenommen.

Für den „echten Wiener" gibt es tausenderlei Gründe, um ins Kaffeehaus zu gehen: um Kaffee zu trinken, um Zeitungen zu lesen, um geschäftliche oder private Rendezvous zu erledigen, um zu philosophieren oder nur vor sich hin zu meditieren, um Schach, Billard oder Bridge zu spielen, um Bücher zu schreiben – kurz gesagt, um bewußter als sonst üblich zu leben.

Die Fachgruppe der Wiener Kaffeehäuser versucht nun im Rahmen einer groß angelegten Aktion, diese Wiener Kaffeehaus-Kultur wieder mehr ins Rampenlicht zu stellen und damit den Bekanntheitsgrad von Wien als Stätte eines besonderen Lebensstils im Ausland zu erhöhen. Dabei wendet sie sich gezielt an internationale Journalisten, die sich bei größeren Anlässen oft zu tausenden in Wien befinden. Ihnen will man in Zukunft den Stellenwert des Kaffeehauses in dieser Stadt quasi brühheiß servieren. Die Wiener Kaffeehäuser werden zum Treffpunkt der Weltpresse.

Laut Pressechef der Wirtschaftskammer stammt die Grundidee für diese Aktion von Franz Grundwalt, dem Vorgänger des jetzigen Fachgruppenvorstehers Hans Diglas. Diglas und seine Mitstreiter nahmen den Gedanken voll Engagement auf. Das Konzept für „Wien Brüh-Heiß" liegt nun vor und verspricht einige interessante Events.

Geplant sind Veranstaltungen, die das Vielschichtige, Farbenfrohe, ja manchmal Skurrile der Wiener veranschaulichen und ein Streiflicht auf alten Wiener Schmäh mit junger Wiener Szene werfen. Vorsteher Diglas rechnet damit, daß etwa 150 ausländische Medienvertreter an der ersten offiziellen Veranstaltung Ende des Monats im Café Landtmann, das heuer zudem seinen 125. Geburtstag feiert, teilnehmen werden.

Bei einem typischen Wiener Buffet, vom Tafelspitz bis zu Wiener Schmankerln, werden die Gäste aus aller Welt verwöhnt und danach gibt es – anstatt der üblicherweise schwer verdaulichen Vorträge und Ansprachen – eine Damenkapelle mit einer musikalischen „Wiener Melange". Denn Musik ist bekanntlich jene Sprache, die auf der ganzen Welt verstanden wird. Als Draufgabe gibt es am Ende für jeden Teilnehmer eine in drei Sprachen abgefasste Informationsbroschüre, die über die Geschichte des Wiener Kaffeehauses informiert, alte Wiener Rezepte verbreitet sowie eine Fülle von Wissenswertem anbietet.

Jeder einzelne Journalist hat also die Möglichkeit, persönliche Eindrücke und eigene Notizen mit fundierten Informationen zu versehen und kann so schnell und ohne größeren Aufwand seiner Redaktion einen Artikel zukommen lassen. Um den guten Ruf des Wiener Kaffeehauses in aller Welt zu verbreiten, und zu verkünden, dass die Kaffeehäuser eine der wichtigsten Sehenswürdigkeiten dieser Stadt sind.

(aus einer österreichischen Zeitung)

*Lesen Sie die Aufgaben 6 – 10. Entscheiden Sie, welche Lösung (a, b oder c) richtig ist
und tragen Sie Ihre Lösungen in den Antwortbogen bei Aufgaben 6 – 10 ein.*

Achtung: *Die Reihenfolge der einzelnen Aufgaben folgt nicht immer der Reihenfolge des Textes.*

6.   Das Ziel der Aktion der „Fachgruppe für Wiener Kaffeehäuser" ist,

    a)   das Angebot in Wiens Kaffeehäusern zu verbessern.
    b)   die Zahl der Kaffeehäuser in Wien wieder zu erhöhen.
    c)   Wien und die Wiener Kaffeehaus-Kultur bekannter zu machen.

7.   Die Aktion der „Fachgruppe für Wiener Kaffeehäuser" richtet sich vor allem

    a)   an ausländische Touristen.
    b)   an die Wiener Bevölkerung.
    c)   an internationale Journalisten.

8.   Die Idee für diese Aktion

    a)   hatte der Vorgänger von Hans Diglas.
    b)   hatten die Mitarbeiter von Hans Diglas.
    c)   hatte der Pressechef der Wirtschaftskammer.

9.   Bei den Veranstaltungen gibt es

    a)   ein Buffet und Musik.
    b)   einen Vortrag in drei Sprachen.
    c)   typische Wiener Kaffee–Spezialitäten.

10.   Am Ende bekommen die Teilnehmer

    a)   ein Buch für persönliche Eindrücke und Notizen.
    b)   einen Artikel über Wiens bekannteste Kaffeehaus-Journalisten.
    c)   viele Informationen über die Wiener Kaffeehäuser und deren Geschichte.

1 Leseverstehen (Teil 3)

Lesen Sie zuerst die 10 Situationen (11 – 20) und dann die 12 Anzeigen (a – l).
Welche Anzeige passt zu welcher Situation? Sie können jede Anzeige nur einmal verwenden.

Markieren Sie Ihre Lösungen auf dem Antwortbogen bei Aufgaben 11 – 20. Es ist auch möglich,
dass Sie das, was Sie suchen, **nicht** *finden.*
In diesem Fall markieren Sie auf dem Antwortbogen den Buchstaben **x***.*

11. Sie wollen sich regelmäßig über Erziehungsfragen und Probleme in der Familie informieren.

12. Sie wollen mit Ihren Kindern ein Märchen anschauen.

13. Sie wollen Ihren alten Esstisch abholen lassen.

14. Freunde möchten wissen, wo man vegetarisch essen kann.

15. Sie möchten nach dem Kinobesuch am Abend noch chinesisch essen gehen.

16. Ihre ausländischen Freunde möchten Tipps, wo man in der Schweiz preiswert
wohnen / übernachten kann.

17. Ihre Kinder möchten unbedingt zwei Vögel haben und Sie wollen sich deshalb welche ansehen.

18. Ihr Großvater wird 65. Sie brauchen ein Geschenk.

19. Weil Sie später vielleicht einmal ein Haus kaufen wollen, suchen Sie eine passende Zeitschrift.

20. Sie möchten lernen, wie man Kuchen und Torten backt.

a

Kuchen und Torten

Neu:
Unser Restaurant
am Paradeplatz / 1. Stock
ist jeden Sonntag geöffnet
(10 bis 18 Uhr)

Nachmittags-Tee
Verkauf über die Gasse

Confiserie Sprüngli
Reservation (bis Samstag 17.30 Uhr)
Tel. 01-223 45 123

b

Mi.18.12., Sa. 4., So., 5.1.,
14.30 bis ca. 17.20 Uhr

Das ergreifende Grimm'sche Märchen vom
Schwesterchen, das die sieben verzauberten
Brüder im Glasberg erlöst.

80 Kinder von 4 – 14 Jahren spielen, tanzen
und singen.

Vorverkauf:

**Billetkasse Jecklin, Pfauen,
Tel.: 25 26 98 00**

c

CHINGGIS KHAN
VARIÉTÉ

Asien Folklore erstmals in Europa

Vom 5. bis 23. Mai
Mo – Fr: 20.30
Sa – So: 15 & 19 Uhr

Abendvorstellung mit Essen

Fr. 25,- ohne Essen
Fr. 55,- inkl. Asien-Essen
mit Holzjurten

Info-Line & Reserv. 079 - 345 33 66

d

Ausstellungen und Messen

**Für ein schönes
Zuhause...**

**Lenzburg
16. -19. April**

Do. - Fr. 12.00 - 21.00
Sa. 10.00 - 21.00
So. 10.00 - 19.00
- Info 01/ 945 14 04 -

Sonderschauen:
Naturgarten und Mineralienbörse

P+R Sa.+So.- Gratis-Bus zur Messe
Autobahn-Ausfahrt Lenzburg

Veranzeige: H&G 98 Wetzikon Eisstadion 7. bis 10. Mai

e

● **Z O O**

Qualität • Beratung • Auswahl • Kompetenz

Mehr Auswahl finden Sie nirgends!
Info-Tel. 01/835 77 77! Besuchen Sie das
grösste HAUSTIER-CENTER EUROPAS.
Auf über 2'100 m2 zeigen wir alles, was es
rund um Haustiere und Pferdesport gibt.
550 m2 Aquarien-Show !

QUALIPET in Dietlikon Tägl. von 9.00-20.00 Uhr

F R E I Z E I T

f

365 Tage im Jahr geöffnet!
**Warme Küche von
11.00 - 23.30 Uhr**
Ecke Löwenstrasse/
Bahnhofplatz 9
8001 Zürich

MISTER WONG
ASIAN COOKING
fast, fresh & friendly
...und gar nicht teuer

Tel. 211 17 70
Fax 212 04 68

g

Häuser ab ca. Fr. 301'500.-

■ Reportage: Ausge-
zeichnetes Solarhaus
■ Heizkörper:
Heisse Formen
■ Grosses Bad-Extra:
Edle Badmöbel und
Armaturen
■ Garten: Pflanzzeit für
Balkon und Terrasse
■ Möbelmesse Köln
■ Wärmepumpen
■ Viele Systemhäuser
■ Grosser Immobilienmarkt

DAS EINFAMILIEN HAUS

**Mit privaten Gratis-Inseraten
im Liegenschaftsmarkt**

...gratis!
Probeheft zum Kennenlernen.

h

99 pro Bett

Die Schweiz ist ein teures Reiseland.
Trotzdem gibt es Hotels zuhauf, die nicht
mehr als 99 Franken
pro Bett und Nacht
verrechnen. Behaup-
ten wenigstens die
(deutschen) Auto-
ren dieses Buches.
Das billigste Bett in
Zürich (laut Buch 40
Fr.) kostet, wie un-
sere Nachprüfung
ergab, allerdings in-
zwischen 100 Fr.,
und die Telefon-

**PREISWERT
ÜBERNACHTEN
1998/99**

i

BONA DEA

göttlich vegetarisch

**GENÜSSLICH
KULINARISCH**

Natur in aller Geniesser Munde: Zürichs
neues Vegi-Restaurant im Hauptbahnhof macht aus den Freuden der Natur
ein sinnliches Erlebnis.
Öffnungszeiten: Mo–Fr 11.30–14.30,
17.30–23.00, Sa 17.30–23.00, So geschl.

BAHNHOF BUFFET ZÜRICH
Reservationen Tel. 217 15 15, Fax 217 15 00

j

**Am meisten
läuft in
der Familie**

Am besten, Sie buchen jetzt ein Test-Abo: 3 Monate mit
15 Heften kosten nur Fr. 20.–! Telefon 01/404 63 63.

k

65 Jahre alt.
Und immer für die Jüngsten da.

wehrli
Bébéhaus
Schaffhauserstrasse 95
8042 Zürich
Tel. 01 / 363 12 12
Parkplätze vorhanden

**ZÜRCHER
brockenhaus**

Unser Gewinn kommt ausschliesslich
wohltätigen Zwecken zu Gute
✿
GRATIS-ABHOLDIENST
für alle noch verkäuflichen, sauberen
und nicht defekten Sachen
TEL. 01 271 70 77
✿
**WOHNUNGS- UND
HAUSRÄUMUNGEN,
GESCHÄFTSLIQUIDATIONEN**
prompt, seriös, sorgfältig
✿
Besuchen Sie unser neu renoviertes
Brockenhaus hinter dem Hauptbahnhof
Neugasse 11, 8005 Zürich
Montag-Freitag 09.00–18.30
Samstag 09.00–16.00

**ZÜRICHS ORIGINELLSTES
WARENHAUS**

l

Schriftliche Prüfung

2 Sprachbausteine (Teil 1)

Lesen Sie den folgenden Text und entscheiden Sie, welches Wort (a, b oder c) in die Lücken 21 – 30
passt. Markieren Sie Ihre Lösungen auf dem Antwortbogen bei Aufgaben 21 – 30.

Brauckmann Versand
Dorotheenplatz 8
04109 Leipzig

Reklamation

Sehr geehrte Damen und Herren,

vor zwei ___**21**___ habe ich bei Ihnen einen tragbaren CD-Player bestellt und erhalten.
Leider muss ich ___**22**___ heute mitteilen, dass er kaputt ist. Die CDs wurden von Anfang
an nicht richtig eingezogen. Man ___**23**___ die Taste mehrmals drücken, erst dann funk-
tionierte das Gerät. Jetzt lässt es sich gar nicht mehr öffnen.

Auf dem Gerät sind ___**24**___ vier Monate Garantie. Ich schicke Ihnen ___**25**___ das
Gerät zurück, Garantiekarte und Rechnung sind beigefügt.

Ich darf Sie bitten, das Gerät entweder zu reparieren ___**26**___ umzutauschen. Falls das
nicht möglich ist, würde ich Sie ___**27**___ Erstattung des Kaufpreises bitten.

In sechs Wochen kehre ich in ___**28**___ Heimat zurück, d.h. ich verlasse Deutschland.
Ich möchte das Gerät natürlich gern ___**29**___ . Daher wäre ich Ihnen dankbar, wenn Sie
die Angelegenheit möglichst umgehend klären und ___**30**___ dann benachrichtigen
würden.

In der Hoffnung auf eine positive Nachricht

Mit freundlichen Grüßen

---

21. a) Monate
b) Monaten
c) Monats

22. a) ihnen
b) Ihnen
c) Sie

23. a) müssen
b) muss
c) musste

24. a) endlich
b) noch
c) schon

25. a) denn
b) deshalb
c) weshalb

26. a) oder
b) sondern
c) sonst

27. a) für
b) um
c) wegen

28. a) meine
b) meinem
c) meiner

29. a) mitgenommen
b) mitnehmen
c) mitnehme

30. a) –
b) mich
c) mir

2 Sprachbausteine (Teil 2)

*Lesen Sie den folgenden Text und entscheiden Sie, welches Wort aus dem Kasten
(a – o) in die Lücken 31 – 40 passt. Sie können jedes Wort im Kasten nur einmal verwenden.
Nicht alle Wörter passen in den Text. Markieren Sie Ihre Lösungen auf
dem Antwortbogen bei Aufgaben 31 – 40.*

Für unsere Rubrik
„*Menschen helfen Menschen*"
suchen wir Vorfälle und Geschehnisse, bei welchen Menschlich-
keit und Hilfsbereitschaft im Vordergrund stehen. Wenn auch Sie
eine positive Erfahrung mit Mitmenschen gemacht haben und
sich auf diesem Weg bedanken möchten, dann schreiben Sie uns
Ihre Geschichte .

Sehr geehrte Redaktion von „Menschen helfen Menschen",

ich lese täglich die Zeitung und bin oft sehr traurig ____**31**____, wie böse
und grausam Menschen sein können. In solchen Momenten freue ich mich dann
ganz ____**32**____ über Ihre Artikel, die zeigen, ____**33**____ es auch viele
gute und hilfsbereite Menschen gibt. Ich selbst bin einem solchen Menschen
vor kurzer Zeit begegnet.
Letzten Samstag hatte ich auf der Autobahn kurz vor Wien eine Autopanne.
Es war bereits 10 Uhr nachts, ____**34**____ mein Auto plötzlich stehen
blieb und sich nicht mehr von der Stelle bewegte. Ich versuchte mehrmals,
das Auto wieder zu starten, ____**35**____ alles war vergeblich. Kurz darauf
hielt ein Autofahrer an und fragte, ____**36**____ er mir helfen könne. Er
sagte, dass er Mechaniker sei und gleich in der Nähe wohne. Sofort stieg
er aus, ____**37**____ sich den Motor anzusehen. Nach zehn Minuten fand er den
Schaden und ____**38**____, dass man einen Teil des Motors austauschen müsse.
Dann fuhr er kurz nach Hause und kam eine halbe Stunde später mit dem
notwendigen Ersatzteil wieder zurück. Kurz nach Mitternacht war das Auto
wieder in Ordnung und ich konnte weiter fahren. Selbstverständlich wollte
ich den netten Mann für seine Mühe belohnen, aber er ____**39**____ nichts
annehmen. Doch möchte ich mich ____**40**____ mit diesem Brief besonders
herzlich bei ihm bedanken.

a) ALS	b) BESONDERS	c) DA	d) DASS	e) DARÜBER
f) DAZU	g) DENN	h) DOCH	i) IMMER	j) MEINTE
k) OB	l) SEHR	m) UM	n) WENIGSTENS	o) WOLLTE

Haben Sie Ihre Lösungen
auf dem Antwortbogen eingetragen?

Sie haben nun 20 Minuten Pause.

Der nächste Prüfungsteil ist

3 **Hörverstehen**

Lassen Sie jetzt die Kassette ablaufen, bis Sie den Hinweis hören:
Ende des Testteils Hörverstehen.

Alle Bearbeitungspausen sind auf der Kassette enthalten. Sie dürfen die Kassette
zwischendurch also nicht anhalten.

Prüfungsteil 3: **Hörverstehen**

Dieser Prüfungsteil besteht aus drei Teilen

- Globalverstehen
- Detailverstehen
- Selektives Verstehen

Insgesamt sollen Sie 20 Aufgaben (41 – 60) bearbeiten.
Für jede Aufgabe gibt es nur eine richtige Lösung.

Schriftliche Prüfung

3 Hörverstehen (Teil 1)

*Sie hören nun fünf kurze Texte. Dazu sollen Sie fünf Aufgaben lösen. Sie hören diese Texte **nur einmal**.*

Entscheiden Sie beim Hören, ob die Aussagen 41 bis 45 richtig oder falsch sind. Markieren Sie Ihre Lösungen auf dem Antwortbogen bei den Aufgaben 41 – 45. Markieren Sie PLUS (+) gleich richtig und MINUS (–) gleich falsch auf dem Antwortbogen.

Lesen Sie jetzt die Aufgaben 41 bis 45. Sie haben dazu 30 Sekunden Zeit.

41. Die Sprecherin möchte allein leben und machen können, was sie will.

42. Der Sprecher wohnt mit seiner Partnerin in einer großen Wohnung.

43. Die Sprecherin ist verheiratet und hat zwei Kinder.

44. Der Sprecher ist geschieden und lebt mit seiner Tochter bei einer anderen Familie.

45. Die Sprecherin wollte nie viele Kinder haben.

Zertifikat Deutsch – Modelltest

3 Hörverstehen (Teil 2)

*Sie hören nun ein Gespräch. Dazu sollen Sie zehn Aufgaben lösen. Sie hören das Gespräch **zweimal**.*

Entscheiden Sie beim Hören, ob die Aussagen 46 bis 55 richtig oder falsch sind. Markieren Sie Ihre Lösungen auf dem Antwortbogen bei den Aufgaben 46 – 55. Markieren Sie PLUS (+) gleich richtig und MINUS (–) gleich falsch auf dem Antwortbogen.

Lesen Sie jetzt die Aufgaben 46 bis 55. Sie haben dazu eine Minute Zeit.

46.   Der Journalist spricht mit einer Kundin im Kaufhaus.

47.   Frau Hahn hat ihren Beruf im Kaufhaus Brück gelernt.

48.   Frau Hahn wollte schon als Kind Verkäuferin im Kaufhaus Brück werden.

49.   Frau Hahn fand es wichtig, nette Kollegen zu haben.

50.   Frau Hahns Mann arbeitet jetzt in demselben Kaufhaus wie sie.

51.   Der Mann von Frau Hahn hat als Schuhverkäufer gearbeitet.

52.   Das Kaufhaus Brück wird nach der Schließung abgerissen.

53.   Frau Hahn findet es wichtig, in einem schönen Haus zu arbeiten.

54.   Die neuen Inhaber hätten das Kaufhaus gerne weitergeführt.

55.   Frau Hahn will nicht in einem anderen Kaufhaus arbeiten.

Schriftliche Prüfung

3 Hörverstehen (Teil 3)

*Sie hören fünf kurze Texte. Dazu sollen Sie fünf Aufgaben lösen. Sie hören jeden Text **zweimal**.*

Entscheiden Sie beim Hören, ob die Aussagen 56 bis 60 richtig oder falsch sind. Markieren Sie Ihre Lösungen für die Aufgaben 56 – 60 auf dem Antwortbogen . Markieren Sie PLUS (+) gleich richtig und MINUS (–) gleich falsch.

56. Das Treffen ist am Donnerstag.

57. Das Wetter bleibt schlecht und regnerisch; am Sonntagnachmittag leichte Wetterbesserung.

58. Die Firma ist direkt an der S-Bahn-Station.

59. Das Restaurant bietet Kaffee für 35 Schilling und Kuchen für 30 Schilling.

60. Sprachprogramme für Deutsch gibt es in derselben Abteilung wie Computerspiele.

Der nächste Prüfungsteil ist

4 **Schriftlicher Ausdruck (Brief)**

Dafür haben Sie 30 Minuten Zeit.

Sie sollen nun einen Brief schreiben.

Bitte benutzen Sie dazu das Formular auf Seite 21/22.

4 Schriftlicher Ausdruck (Brief)

Eine Schweizer Freundin heiratet und lädt Sie zu ihrer Hochzeit nach Zürich ein. Sie hat Ihnen folgenden Brief geschrieben:

> Zürich, ...
>
> Liebe(r) . . . .
>
> ich habe lange nichts mehr von mir hören lassen, aber in der letzten Zeit ist hier so viel passiert. Ich habe dir doch schon von Urs geschrieben, dem jungen Mann, den ich beim Skifahren kennen gelernt habe.
> Stell dir vor, wir haben uns entschlossen zu heiraten. Schon im Sommer! Wir wollen ein ganz grosses Fest machen mit beiden Familien und vielen Freunden. Ich würde mich natürlich freuen, wenn du auch kommst. Vielleicht kannst du mir sogar helfen. Merk dir schon mal Samstag, den 12. August. Die offizielle Einladung schicke ich dir dann später. Du kannst gern noch jemanden mitbringen.
>
> Also, das wär's erst mal für heute. Antworte mir bald!
>
> Herzliche Grüsse
> Barbara

Antworten Sie Ihrer Bekannten. Sie haben **30 Minuten** *Zeit den Brief zu schreiben.*

Schreiben Sie in Ihrem Brief etwas zu den folgenden vier Punkten:

- mit wem Sie kommen möchten

- wie Sie reisen (Verkehrsmittel)

- Möglichkeiten zum Übernachten

- wie Sie helfen können

Überlegen Sie sich dabei eine passende Reihenfolge der Punkte.
Vergessen Sie nicht Datum und Anrede, und schreiben Sie auch eine passende Einleitung und einen passenden Schluss.

Zertifikat Deutsch

Weiterbildungs-Testsysteme GmbH

Name																										
Vorname																										
Prüfungsinstitution																										

Ihre Prüfungsnummer 6 1 ☐ ☐ ☐ ☐ ☐ **Bitte vom Antwortbogen S3 übernehmen!**

Schriftliche Prüfung

4 **Schriftlicher Ausdruck (Brief)**

Für die Korrektur

S 6

Kriterium			Bonuspunkte		Thema verfehlt?			
I	II	III	IV.1	IV.2	ja	nein	**1. Korrektur** _____ Unterschrift	
I	II	III	IV.1	IV.2	ja	nein	**2. Korrektur** _____ Unterschrift	

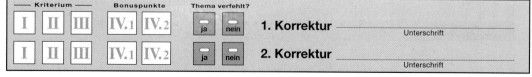

Weiterbildungs-Testsysteme GmbH

Die Europäischen Sprachenzertifikate
Zertifikat Deutsch

61 | 00000

Familienname · Surname · Apellido · Nom · Cognome · Achternaam · Apelido · Фамилия

Vorname · First name · Nombre · Prénom · Nome · Voornaam · Nome próprio · Имя

Geburtsdatum · Date of birth · Fecha de nacimiento · Date de naissance · Data di nascita · Geboortedatum · Data de nascimento · День рождения

Geburtsort · Place of birth · Lugar de nacimiento · Lieu de naissance · Luogo di nascita · Geboorteplaats · Local de nascimento · Место рождения

Prüfungsinstitution · Examination centre · Centro examinador · Centre d'examen · Centro d'esame · Examencenter · Centro de examinação · Экзаменационное учреждение

S3

Zertifikat Deutsch

WBT Weiterbildungs-Testsysteme GmbH

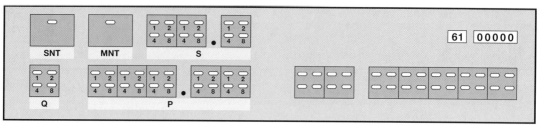

SNT MNT S 61 00000

Q P

Schriftliche Prüfung

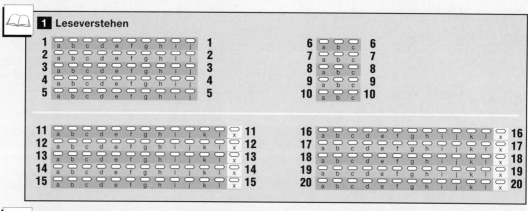

1 Leseverstehen

2 Sprachbausteine

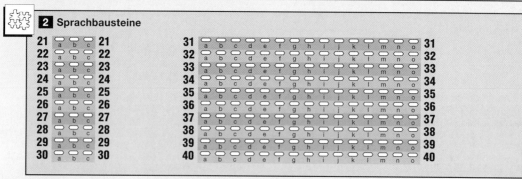

3 Hörverstehen

4 Schriftlicher Ausdruck

Mündliche Prüfung

Teil 1   Teil 2   Teil 3

Achtung!

Möchten Sie den mündlichen Teil des Modelltests mit Hilfe Ihres Kursleiters / Ihrer Kursleiterin wie eine richtige Prüfung ablegen, dann lesen Sie jetzt bitte nicht weiter. Sie haben sonst bei einem Probetest in Ihrem Kurs keine echten Prüfungsbedingungen.

Wenn Sie den Modelltest verwenden möchten, um sich zu Hause einen Überblick über den Ablauf der mündlichen Prüfung zu verschaffen, dann können Sie jetzt umblättern und weiterlesen.

Mündliche Prüfung

Die mündliche Prüfung besteht aus drei Teilen:

█ **Teil 1:   Kontaktaufnahme**

█ **Teil 2:   Gespräch über ein Thema**

█ **Teil 3:   Gemeinsam eine Aufgabe lösen**

Die mündliche Prüfung für das *Zertifikat Deutsch* kann als Paar- oder als Einzelprüfung durchgeführt werden. Im Falle der Einzelprüfung ist eine/r der Prüfenden Ihr Gesprächspartner / Ihre Gesprächspartnerin.

Die Prüfung hat den Charakter einer Konversation. Sie möchte kein Verhör sein. In der Paarprüfung fungieren die Prüfenden in erster Linie als Moderatoren des Gesprächs und sollen möglichst wenig sprechen. Es kommt vielmehr darauf an, dass Sie mit Ihrem Partner / Ihrer Partnerin ein lebendiges Gespräch führen. Wenden Sie sich ihm / ihr zu, gehen Sie auf seine / ihre Beiträge ein. Versuchen Sie aber nicht, ihn / sie an die Wand zu spielen. Beide Partner sollen zu Wort kommen, damit ein interessantes und abwechslungsreiches Gespräch entstehen kann. Es wird sogar positiv bewertet, wenn Sie Ihrem Partner / Ihrer Partnerin helfen, wenn diese/r einmal nicht weiterkommen sollte.

Das Prüfungsgespräch dauert höchstens 15 Minuten. Vorher bekommen Sie 20 Minuten Zeit, um sich anhand der Prüfungsunterlagen auf das Gespräch vorzubereiten.

Teil 1:   Kontaktaufnahme

Eine/r der Prüfenden lädt Sie und Ihren Gesprächspartner / Ihre Gesprächspartnerin ein, auf der Grundlage von Aufgabenblatt 1 ein kurzes Gespräch zu führen, um sich ein bisschen näher kennen zu lernen oder mehr voneinander zu erfahren.
Ziel ist nicht, sich gegenseitig auszufragen oder schnell alle Themen abzuhandeln, sondern zwanglos anhand der vorgegebenen Themen miteinander ins Gespräch zu kommen. Sollten Sie Ihren Partner / Ihre Partnerin kennen, wäre es z.B. sinnlos ihn / sie nach dem Namen zu fragen.

Am Ende dieses kurzen Einführungsgesprächs wird Ihnen eine/r der Prüfenden eine zusätzliche Frage stellen, die Sie auf Ihrem Aufgabenblatt nicht vorfinden, z.B. was Sie in Ihrer Freizeit am liebsten machen.

Sie und Ihr Partner / Ihre Partnerin haben die gleiche Vorlage.

 ## Teil 2:   Gespräch über ein Thema

In diesem Teil haben Sie und Ihr Partner / Ihre Partnerin unterschiedliche Vorlagen zum Thema Gesundheit.

Zunächst bittet der Prüfer Sie und Ihren Partner / Ihre Partnerin, sich gegenseitig ganz kurz über Ihre Texte und Abbildungen zu informieren.

Danach sollen Sie sich mit Ihrem Partner / Ihrer Partnerin darüber austauschen, was Sie selbst für Ihre Gesundheit tun.

 ## Teil 3:   Gemeinsam eine Aufgabe lösen

Der Prüfer / die Prüferin bittet Sie, mit Ihrem Partner / Ihrer Partnerin auf der Grundlage der Vorlage die Geburtstagsfeier eines Kollegen zu planen. Sie haben die Aufgabe, zusammen mit Ihrer Gesprächspartnerin / Ihrem Gesprächspartner den Geburtstag zu planen. Sie sollen sich gegenseitig Ihre Ideen vortragen, Vorschläge machen und auf Vorschläge Ihres Partners / Ihrer Partnerin reagieren.

Sie und Ihr Partner haben die gleiche Vorlage.

Überlegen Sie sich, was alles zu tun ist und wer welche Aufgaben übernimmt.
Sie haben sich schon einen Zettel mit Notizen gemacht.

Teil 1: Kontaktaufnahme

Teilnehmende/r A 1

Unterhalten Sie sich mit Ihrem Partner / Ihrer Partnerin über folgende Themen:

- Name
- wo er/sie herkommt
- wo und wie er/sie wohnt (Wohnung, Haus ...)
- Familie
- was er/sie macht (Schule, Studium, Beruf ...)
- ob er/sie schon in anderen Ländern war
- Sprachen (welche?, wie lange?, warum?)

Außerdem kann der Prüfer/die Prüferin noch ein weiteres Thema ansprechen.

Für die Durchführung dieses Modelltests können Sie eine Kopie dieser Seite anfertigen.

▪ **Teil 2:　Gespräch über ein Thema**

Teilnehmende/r **A** 　　　　　　　　　　　　　　　　　　　　　　　　**2**

Gesundheit

Zuerst berichten Sie Ihrer Gesprächspartnerin/Ihrem Gesprächspartner kurz, welche Informationen Sie zu diesem Thema haben. Danach berichtet Ihre Gesprächspartnerin/Ihr Gesprächspartner kurz über ihre/seine Informationen.

*Danach erzählen Sie Ihrer Gesprächspartnerin/Ihrem Gesprächspartner, was **Sie** selbst für Ihre Gesundheit tun und ob (und wie) Sie auf Ihr Gewicht achten.*
Ihre Gesprächspartnerin/Ihr Gesprächspartner wird Ihnen von ihren/seinen Vorstellungen erzählen. Reagieren Sie darauf.

Viele Menschen in Deutschland sind zu dick. Die meisten treiben zu wenig Sport. Nicht alle sind so fit und schlank wie die Personen auf den Bildern.

Für die Durchführung dieses Modelltests können Sie eine Kopie dieser Seite anfertigen.

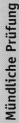
Teil 3:   Gemeinsam eine Aufgabe lösen

Teilnehmende/r A   **3**

In drei Wochen wird einer Ihrer Kollegen 50. Sie arbeiten mit Ihrer Gesprächspartnerin / Ihrem Gesprächspartner in derselben Firma

Sie haben die Aufgabe, zusammen mit Ihrer Gesprächspartnerin / Ihrem Gesprächspartner ein Geschenk auszusuchen und eine kleine Geburtstagsfeier zu organisieren. Überlegen Sie sich, was alles zu tun ist und wer welche Aufgaben übernimmt.

Sie haben sich schon einen Zettel mit Notizen gemacht.

Beginnen Sie mit Vorschlägen zu einem Geschenk.

GEBURTSTAGSFEIER EINES KOLLEGEN

- GESCHENK
- GELD
- ESSEN
- GETRÄNKE
- PROGRAMM
- TERMIN
- ORT

Für die Durchführung dieses Modelltests können Sie eine Kopie dieser Seite anfertigen.

Teil 1: Kontaktaufnahme

Teilnehmende/r B   **1**

Unterhalten Sie sich mit Ihrem Partner / Ihrer Partnerin über folgende Themen:

- Name
- wo er/sie herkommt
- wo und wie er/sie wohnt (Wohnung, Haus ...)
- Familie
- was er/sie macht (Schule, Studium, Beruf ...)
- ob er/sie schon in anderen Ländern war
- Sprachen (welche?, wie lange?, warum?)

Außerdem kann der Prüfer/die Prüferin noch ein weiteres Thema ansprechen.

Für die Durchführung dieses Modelltests können Sie eine Kopie dieser Seite anfertigen.

Teil 2:   Gespräch über ein Thema

Teilnehmende/r **B**   2

Gesundheit

Zuerst berichten Sie Ihrer Gesprächspartnerin/Ihrem Gesprächspartner kurz, welche Informationen Sie zu diesem Thema haben. Danach berichtet Ihre Gesprächspartnerin/Ihr Gesprächspartner kurz über ihre/seine Informationen.

*Danach erzählen Sie Ihrer Gesprächspartnerin/Ihrem Gesprächspartner, was **Sie** selbst für Ihre Gesundheit tun und ob (und wie) Sie auf Ihr Gewicht achten.*
Ihre Gesprächspartnerin/Ihr Gesprächspartner wird Ihnen von ihren/seinen Vorstellungen erzählen. Reagieren Sie darauf.

Die Deutschen essen von allem zu viel, besonders Fleisch, Eier, Käse und Wurst. Auch Kuchen essen die Deutschen zu viel.

Für die Durchführung dieses Modelltests können Sie eine Kopie dieser Seite anfertigen.

Mündliche Prüfung

Teil 3: Gemeinsam eine Aufgabe lösen

Teilnehmende/r **B**   **3**

In drei Wochen wird einer Ihrer Kollegen 50. Sie arbeiten mit Ihrer Gesprächspartnerin/Ihrem Gesprächspartner in derselben Firma

Sie haben die Aufgabe, zusammen mit Ihrer Gesprächspartnerin/Ihrem Gesprächspartner ein Geschenk auszusuchen und eine kleine Geburtstagsfeier zu organisieren. Überlegen Sie sich, was alles zu tun ist und wer welche Aufgaben übernimmt.

Sie haben sich schon einen Zettel mit Notizen gemacht.

Beginnen Sie mit Vorschlägen zu einem Geschenk.

GEBURTSTAGSFEIER EINES KOLLEGEN

- GESCHENK
- GELD
- ESSEN
- GETRÄNKE
- PROGRAMM
- TERMIN
- ORT

Für die Durchführung dieses Modelltests können Sie eine Kopie dieser Seite anfertigen.